ཆབ་སྤེལ་གྱི་གསུང་རྩོམ་དང་རིག་གཞུང་བསམ་བློའི་ཞིབ་འཇུག་དཔེ་ཚོགས། （༡༠）
恰白作品与学术思想研究丛书之十

超越神话的探究者

——恰白·次旦平措学术思想评述

“恰白·次旦平措学术思想研究”课题组编

中国藏学出版社
西藏藏文古籍出版社

“恰白·次旦平措学术思想研究”
顾问委员会

工作指导委员会总顾问　吴英杰

学术委员会总顾问　崔玉英

顾　问	洛桑江村	拉巴平措	白玛朗杰
	沈开运	索朗仁增	车明怀
	阿旺次仁	次旦扎西	许广智
	周　源	陈庆英	王　贵

“恰白·次旦平措学术思想研究”课题工作小组

组　长　孙　勇

副组长　苟　灵　王学阳　云丹次仁

成　员　仲布·次仁多杰　何宗英

　　　　格桑益西　次仁班觉

目 录

在"恰白先生学术思想探讨采访活动"会议上的讲话

——代前言

孙　勇

对西藏历史的研究，前人从不同角度曾经出过不少书。但不少近代以前的史书，把西藏的历史写成了神话故事的历史，从今天的史学角度看，学术可信度并不高。即便是从史料研究角度来看，这些书虽有价值，但是要将其价值挖掘出来，必须要拨开层层迷雾，要透过神话的表象去挖掘真实的历史，这项工作对很多人来说是非常艰难的。许多的研究人员和读者往往迷失在书中的神话故事之中，看到的是神迹与王权统治结合的掌故，很难有一个明晰的关于西藏社会发展的历史概念。

在西藏，在近代、当代史学研究领域里的藏族学者当中，恰白先生是德高望重的，他主持编写的《西藏简明通史——松石宝串》有着很高的学术可信度。这是因为先生在其西藏史研究过程中，有很明确的指导思想，注重方法和方法论的创新，在尊重历史的前提下，运用多种研究方法对史实进行缜密的考证。恰白先生在20世纪80年代曾经谈到，西藏历史研究要做到客观公正，让读者觉得可信，就要在以下三个方面下很大的工夫：

1. 要充分挖掘整理藏族本民族的历史文献，因为其中记载了当时的作者以及同时代凡人亲眼见到的东西。

2. 在西藏史学研究过程中要做到客观公正，除重视本民族历史文献外，还要参考其他民族书写的历史资料，如汉族、蒙古族、西夏等历史的史书中与西藏有关的资料，以及敦煌文献中记载的有关西藏的内容。

3. 要充分利用考古成果研究西藏历史，这是一个非常重要、不可或缺的方法。

然而，恰白先生在20世纪80年代初提出的这些观点，在当时遭到了不少传统学者的质疑和反对。这不能仅仅说成是一个学术观念不够解放的问题，其中很多的是学术思想的进步问题，是学术指导思想和方法与方法论的问题。

恰白先生二十多年来的学术成果颇丰，除了数量以外，最重要的是在西藏传统治史方法上的较大突破，使其学术研究站到了一个新高度。恰白先生之所以能够站在一个前所未有的学术高度，自觉地进行学术研究，应该与历史大背景联系起来。西藏近代史上发生的很多事情对恰白先生有着很大的影响，例如列强入侵、西藏上层纷争、民国中央政府代表入藏主持达赖灵童坐床、西藏和平解放，还有民主改革等等，都影响着先生的学术生涯。在治学上，先生也与当时不少的名流有过交往，但受影响最多的还是西藏近代史上对西藏历史研究产生过很大影响的史学家根敦群培。

根敦群培作为一位西藏近代史上的奇人，对西藏历史的一些阐释，对西藏现实所发表的一些见解，特别是他所撰写的一些被当时西藏地方统治者视为大逆不道的论文，在西藏近代史上闪烁着人文主义的光辉，而且已经萌发了藏族思想史上自觉的朴素唯物主义观点。

通观人类的思想史，我们可以看到这样一个事实，人类数千年历史中，从整体有神论、万物有灵论，逐渐产生了朴素唯物主义、唯物主义和无神论。世界很多地方，如古希腊以及我国的中原地区，早在几千年前诞生了一批无神论者。而西藏思想史，从有文字开始为起点，很长时间里有着显著的有神论特点，直到根敦群培的出现，才部分改写了西藏思想史上数千年来一直被有神论思想统治的历史。根敦群培的思想，对西藏特别是藏族知识分子影响比较大，起码在当时引起了西藏各界的震动，使当时地方统治者感到恐慌。根敦群培思想在探求知识的真理和寻求新的前进道路方面，对本民族知识分子产生了或深或浅的影响。恰白先生也认为，根敦群培的朴素唯物主义和人文主义思想，在他个人学术生涯中留下很深的印记。

一个民族的思想，从自发到自觉的过程中，需要先贤、先哲们开辟道路。根敦群培和恰白先生是藏族知识分子当之无愧的新思想道路的开拓者，尤其是恰白先生起着承前启后的作用，否则整个藏民族在有神论方面难有突破，很多后起之秀也将无法沿着他已经夯实的道路更快更好地前进。恰白先生谈及他的研究工作，多次说到参加与祖国兄弟民族的座谈会、研讨会受到了很多启发，开拓了思路，受益匪浅，特别是通过学习毛泽东哲学著作，对历史唯物主义有了一些基本的了解，用于指导自己的研究，影响是很大的。客观地看，恰白先生在西藏思想史上的地位非常重要，可以说是西藏近代史学思想史上的一座丰碑。

正是因为如此，学术界特别是藏学领域的很多专家学者对恰白先生的关注，并不仅仅局限于找资料，他们甚至关注到了恰白先生作为一个藏族老知识分子这么多年来走过的学术道路、思想轨迹等层面。

在恰白先生的学术生涯中期，名声远播，受到了中央领导的关注，历届自治区领导也一直非常关心恰白先生的研究工作和生活。胡锦涛同志在担任西藏自治区党委书记的时候，对恰白先生给予了极大的关心，曾经在新年时到家里看望他，亲自解决老先生研究中的经费问题。1990 年，江泽民总书记来西藏视察工作，锦涛书记特意向江总书记介绍恰白先生。当《西藏简明通史——松石宝串》第一卷举行首发式时，锦涛书记亲临会场，并作了重要讲话，对这本书给予了充分肯定。这是胡总书记在藏工作期间，对西藏工作的各个方面都能统筹兼顾、高度重视和关怀西藏知识分子的集中体现，是党和政府对民族知识分子的关心和爱护的体现，反映了我们时代的特点和党的宗旨。

恰白先生在西藏社会科学院工作多年，一直是专心治学的楷模，他孜孜不倦、诲人不倦，作出了很多贡献，给我们留下了一笔宝贵财富。老先生自己也表示，他本人最大的希望就是能够将自己的知识、思想留下来，给后人以借鉴。将老先生几十年的夙愿变成现实，也是我们后来人应尽的责任和义务。

如今，恰白先生年事已高，无论是从政治上还是学术研究角度，西藏社科院对恰白先生学术思想、学术生涯以及重要学术著作进行抢救性研究都是非常有必要的。否则，对不起历史、后人，也对不起社会科学赋予我们的责任。因此，我们成立“恰白学术思想研究”课题组，对恰白先生学术思想及生涯进行全方位、多层次的研究。研究主要是从以下几个方面来进行：

1. 对其学术思想、新的研究历史方法进行研究。恰白先生的人文主义思想、朴素唯物主义思想在其论文、著作中比比皆是。他的一些新的学术研究方法对我们后人有很大的启发。对此，要狠下工夫，从课题研究人员各自的学术角度出发进行研究，并从中获得启迪。

2. 对其学术生涯进行研究。恰白先生近60岁才进入史学研究领域，真正从事学术研究的时间不是很长。在其从事学术研究之前，曾在旧西藏地方政府担任过职务，与编著《西藏政治史》的夏格巴有过交往。对恰白先生学术生涯的研究不应仅仅局限于其研究历史的时段，他从事学术研究之前的经历也奠定了他学术研究的基础。因此，对他学术生涯的研究也是我们这个课题研究的一个层次。如果要搞人文研究，采用学科跨通的研究办法，那么在“恰白学术思想研究”这个课题中，对其学术生涯的研究肯定是个重要的部分。进入新世纪以后，社会科学方面甚至包括自然科学方面，综合的研究方法、学科跨通的研究方法，已经被大家广泛应用。在社会科学研究中，史学、新闻学的研究方法都是可以借鉴的，并通过这种借鉴进行跨通研究。

3. 对其在研究中尚待深入探讨的具有较重要意义的部分进行研讨。恰白先生对西藏历史的研究达到了一个相对的新高度，但老先生将其主编的著述称为“简明通史”，表明还有许多需要考证、探讨的东西，还有待于后人再向前一步。还有，在恰白先生学术思想探讨中，还应当对先生的思想变化、观念的形成，进行细致分析。例如恰白先生的作品中闪烁着人文主义、朴素唯物主义的光辉，这是没有疑问的，但是不是达到了历史唯物主义和辩证唯物主义的高度，只能从其作品反映中来看，不能从某个前提来判断。对恰白先生某些观点的具体考证，应当联系其学术生涯，在史学、方法论等方面进一步进行全面、整体的研究，如从恰白先生的一些观点看根敦群培思想对藏族知识分子的影响，以及探讨西藏和平解放以来，人类先进思想如马列主义、毛泽东思想对藏族知识界的影响等。

为彰显恰白·次旦平措先生的学术成就、风范，坚持正确的学术导向，承前启后，继往开来，更加旗帜鲜明地反对分裂主义，维护祖国统一和民族团结，在建设社会主义和谐社会和现代化的伟大历史进程中，更好地继承发展民族优秀传统文化，促进人文社会科学，尤其是中国藏学研究事业的繁荣发展，作出我们新的贡献。在自治区党委的关心和指导下，在课题组顾问委员会及有关专家学者的大力支持下，经过课题组成员几个月来不懈的努力，这套《恰白作品与学术思想研究丛书》作为“恰白学术思想研究”课题的基础性成果终于顺利完成，实现了老先生将自己作品整理成册的心愿。在下一阶段的工作中，我们将再接再厉，把恰白学术思想研究做得更深入、更全面。

2007 年 8 月于西藏社会科学院

导　论
——恰白·次旦平措学术思想概述

恰白·次旦平措1922年出生于后藏著名的拉孜敏吉家族，历经新旧西藏两个不同的时代。他以丰富的人生阅历和深厚的传统藏文功底，在西藏和平解放尤其是改革开放以来，先后创作了大量优秀的诗歌和文学作品，特别是在西藏历史研究方面取得了令人瞩目的成就。如其诗歌《冬之高原》曾荣获第一届全国少数民族文学创作“新创作奖”，《拉萨欢歌》曾荣获中国作家协会和国家民委举办的少数民族文学创作“优秀短诗奖”，小说《觉贡下榻的客栈》曾荣获中国作家协会、中国民间文艺研究会、《西藏文艺》编辑部颁发的1981年度全区优秀文学作品奖和1985年度五省区文学创作一等奖，由其主编的历史巨著——《西藏简明通史——松石宝串》分别荣获1993年度国家图书奖和2006年首届中国藏学研究“珠峰特别奖”。因此，恰白·次旦平措作为西藏著名的历史学家、文学家和诗人，在国内外广泛地享有盛誉。故而，研究其学术思想，探讨其史学研究方法，总结其学术经验，学习其研究态度，剖析其学术背景，思考其学术影响，就成为国内外藏学研究者深入研究西藏历史文化必不可少的重要条件。

一、研究现状

随着恰白·次旦平措学术成果的丰硕和社会名望的不断提高，逐渐引起了社会各界的关注。尤其是20世纪80年代末90年代初，东欧剧变，苏联解体，世界共产主义运动暂时转入低潮，中国国内先后发生了多次学潮运动，国际与国内的藏独分裂势力相互勾结挑拨藏汉关系，导致西藏发生多起骚乱事件，严重威胁着西藏的稳定和发展大局。正值世界和中国多事之秋，恰白·次旦平措主持编写的、洋洋洒洒百余万言的《西藏简明通史》（藏文版）上、中、下三册，分别于1989年10月、1990年9月、1991年9月由西藏藏文古籍出版社出版发行，可以说既向西藏和平解放40周年献了一份厚礼，也是批驳国内外各种“藏独”谬论的有力武器。该书客观、公正、全面地阐述了西藏与祖国内地自古以来的友好关系及西藏社会发展演变的历史轨迹，有助于正确看待西藏历史和相关历史知识，甫一问世，即被抢购一空，立刻引起了国内外各界的广泛关注。

首先，中央及西藏自治区各级领导非常关心恰白的生活和科研工作，高度评价了其在藏学研究领域做出的突出贡献。1989年藏历新年第一天，时任西藏自治区党委书记的胡锦涛同志，在自治区党委副书记巴桑、政府副主席马李胜、区统战部部长普布顿珠等同志的陪同下，前往恰白家中看望慰问，并亲自解决其研究中的经费问题。1990年7月，江泽民总书记到西藏考察工作时，胡锦涛书记专门把恰白介绍给江总书记。

1991年，《西藏简明通史》在西藏社会科学院举行首发仪式时，胡锦涛书记再次亲临现场，并发表重要讲话。他称赞《西藏简明通史》是“西藏和平解放以来，出版的第一部真正意义上的藏文史书”①，鼓励恰白继续坚持实事求是的原则努力写书，充分肯定了恰白在西藏历史文化研究方面的工作和成绩。因此，获得党和政府高度信赖的恰白·次旦平措除从事科学研究外，还长期担任各项领导职务，积极参政议政。如，他从1983年开始担任西藏自治区社会科学院副院长；1988～2001年，当选为全国政协第七、八、九届委员；1996年，当选为西藏自治区人大常委会副主任；1998年离职退休后的翌年，被西藏大学聘为硕士生导师；2003年，担任西藏自治区教材审查委员会顾问；2004年，担任西藏文化保护与发展协会副会长等，为保护、发展和繁荣西藏文化事业做出了积极的贡献。

2007年10月29日至30日，西藏自治区社会科学院在拉萨特意召开了“恰白·次旦平措学术思想研究座谈会”。参加会议的有自治区党委常委、自治区政府常务副主席吴英杰、自治区党委宣传部常务副部长沈开运、自治区党委统战部常务副部长索朗仁增以及中国藏学研究中心、自治区党校、自治区社会科学院、西藏大学、自治区社会主义学院、藏医学院、西藏民族学院、《西藏日报》社的领导、专家学家共120多人。吴英杰同志赞扬恰白·次旦平措是“著名的爱国人士、藏学家、作家和诗人，在其学术活动中，相继推出系列研究成果的同

① 恰白学术思想研究课题组编：《史学研究大家——恰白·次旦平措先生访谈录》，何宗英译，中国藏学出版社、西藏藏文古籍出版社2009年版，第25页。

时，迸发出许多以马克思主义为指导的思想火花，摆脱了传统神学史学观念的束缚”。肯定他“始终坚持正确的学术方向，将自己的研究与维护祖国统一、民族团结、社会稳定的现实结合起来，将自己所学的知识毫无保留地记录下来，传诸后学，为国家和人民做出了重大贡献，为繁荣发展中国藏学、我区哲学社会科学，为传承弘扬藏族优秀传统文化，做出了公认的成就”。号召学习他这种“生命不息、研究不止……穷天命而追求学术的精神”①。沈开运、索朗仁增等领导同志也先后发表重要讲话，要求学习和研究恰白·次旦平措的学术思想、学术成就和学术生涯，学习他高度的爱国主义精神和严谨的治学态度。

其次，学界先后发表了一系列介绍或研究恰白·次旦平措的学术成果、学术生涯和史学、文学以及诗歌思想的论著，进一步推动了恰白·次旦平措学术思想研究的发展。具体说来，可以分为以下三个方面：1. 介绍或评价恰白先生主持编写的《西藏简明通史》。如，巴桑罗布在《往事知多少　汗青映千秋——评介〈西藏简明通史〉》一文中，认为《西藏简明通史》具有四个显著特点，即（1）摆脱神话与偏见的桎梏；（2）兼收并蓄，融会贯通；（3）分析合理，判断准确；（4）深入浅出，通俗易懂；同时，他亦指出该书在经济领域和传统方面仍存在一定的缺陷。② 廖东凡在题为《恰白先生和〈西藏简明通史——松石宝串〉》一文中，主要介绍了恰白·次旦平

① 《著名藏族学者恰白·次旦平措先生学术思想研究座谈会在拉萨举行》，《西藏大学学报》2007年第4期。

② 巴桑罗布：《往事知多少　汗青映千秋——评介〈西藏简明通史〉》，《西藏日报》1990年4月16日学习专版。

措主持编写《西藏简明通史》的艰辛经过和取得的重大突破。[①] 亚东·达瓦次仁通过采访恰白·次旦平措，更详细地了解了恰白先生等人编撰《西藏简明通史》的经过以及该书的特点，认为该书“以唯物辩证的眼光阐述了西藏的历史发展观，为进一步研究西藏的政治、经济、文化、宗教等提供了珍贵的文献资料”[②]。

2. 介绍恰白·次旦平措的学术生涯。如巴桑罗布通过两次对恰白·次旦平措的采访，简述了恰白的出身、经历，记述了恰白对藏族文化继承和发展问题的看法，表达了对其虚怀若谷、潜心治学的人生态度的由衷敬佩。[③] 德吉在采访恰白·次旦平措之后，亦对其老当益壮、笔耕不辍、不断开拓创新的学术精神深表钦佩。[④] 刘期胜根据恰白·次旦平措的学术生涯，撰文称赞他是“实至名归的藏学家”[⑤]。

3. 研究恰白·次旦平措的学术思想，主要包括史学、文学与诗歌方面的学术思想。如，研究其诗歌学术思想的成果有以下两篇文章，即黄波的《试论恰白·次旦平措诗作的意象艺术》，从诗歌美学的角度，论述了恰白·次旦平措的诗歌意象的形成、种类、类型和特征，认为“他把视觉与情思，隐

---

① 廖东凡：《恰白先生和〈西藏简明通史——松石宝串〉》，《中国西藏》1998 年第 3 期。

② 亚东·达瓦次仁：《西藏历史巨著〈西藏简明通史——松石宝串〉——访著名藏族学者恰白·次旦平措》，《西藏大学学报》2005 年第 1 期。

③ 巴桑罗布：《大器晚成　笔耕不辍——访著名藏族学者恰白·次旦平措》，《西藏文联通讯》1990 年第 2 期。

④ 德吉：《老骥伏枥　壮心不已——记著名藏族学者恰白·次旦平措》，《中国人才》1994 年第 9 期。

⑤ 刘期胜：《实至名归的藏学家恰白·次旦平措》，《西藏统一战线》2007 年第 4 期。

匿在有着独特、新颖、具有感性的意象背后，让他们在有机的组合中，含蓄地反映雪域高原的生活，以表现昂扬向上的民族风貌和时代精神。”① 张天锁指出，恰白·次旦平措的组诗《拉萨欢歌》的主题，描写了拉萨翻天覆地的巨大变化，歌颂了拉萨欣欣向荣的新景象，称赞该诗“用句首叠字的格律写成，将传统修辞方法与现代修辞方法结合运用，恰到好处”②。

研究恰白·次旦平措文学思想的论文亦有两篇。一是蓝国华和刘雅君的《为文不唯怜风月　一枝一叶总关情——浅谈恰白·次旦平措与新时期的西藏文学》。该文认为“恰白·次旦平措先生的文学创作，始终浸透着对现实的强烈关怀和热情赞颂以及对历史本身的深入感悟，是现实主义精神的体现，也是历史沉思的诗性表达。在内容上，其作品突破宗教拘囿、古典规限，涌动着个人的真实体验与现代气息，予人以积极、乐观、宏大、壮丽的审美观感。其作品既是其对历史发展、社会实践的自觉意识的反映，也是其人文主义、朴素唯物主义思想的审美表现”③。二是穷达次仁的《恰白·次旦平措谈藏文古代语言学名著的作者及其他》。该文阐述了恰白·次旦平措经过多年深入研究，通过查阅《萨班文集》等大量藏文资料，进行严谨、缜密的比对、考证，得出了《松久巴（三十颂）》

① 黄波：《试论恰白·次旦平措诗作的意象艺术》，《西藏研究》2008年第3期。

② 张天锁：《评恰白·次旦平措的组诗〈拉萨欢歌〉》，《西藏民族学院学报·哲学社会科学版》2008年第5期。

③ 蓝国华、刘雅君：《为文不唯怜风月　一枝一叶总关情——浅谈恰白·次旦平措与新时期的西藏文学》，《西藏研究》2008年第5期。

和《达吉久巴（音势论）》作者并非吞弥·桑布扎的结论[①]，充分肯定了恰白·次旦平措在学术研究中客观、严谨的态度。

探讨恰白·次旦平措史学思想或史学影响的也有两篇文章。霍巍在《二重证据与西藏古史重构——论恰白·次旦平措先生对西藏新史学的影响》一文中，认为恰白·次旦平措是西藏新史学的奠基者和开创者，其中一个重要标志就是他将西藏地下考古材料与文献材料相互结合起来重构西藏古代史，从而开拓出西藏史学理论与实践的新理路，对西藏新史学流派的建立与发展做出了杰出的贡献。[②] 德吉草在《还史以真　寓情于文——解读恰白·次旦平措学术思想中的文史双重追求》一文中，通过解读恰白·次旦平措的史学代表作《西藏简明通史》和部分文学作品，阐述了他“还史以真，寓情于文”的双重学术追求思想；通过解读恰白·次旦平措考证源流、辩证学术的史家风范与坚守传统诗学、注重发掘民间文化资源的文学观念，彰显了治史与经文互为渗透的恰白学术思想。[③]

总之，目前学界关于恰白·次旦平措的研究已经取得了一定的成绩。其范围涉及恰白·次旦平措的学术生涯、学术成果及其诗歌、文学和史学思想，相关研究也具有一定的深度，并引起了有关专家学者进一步探讨的广泛兴趣。但是，关于恰白·次旦平措研究的学术成果还不太多，而且比较分散，尚未形成研究恰白学术思想的完整体系。

---

① 穷达次仁：《恰白·次旦平措谈藏文古代语言学名著的作者及其他》，《中国西藏》2009年第4期。

② 霍巍：《二重证据与西藏古史重构——论恰白·次旦平措先生对西藏新史学的影响》，《西藏研究》2008年第4期。

③ 德吉草：《还史以真　寓情于文——解读恰白·次旦平措学术思想中的文史双重追求》，《西藏研究》2008年第6期。

西藏自治区社会科学院鉴于学界研究恰白·次旦平措的现状，于2007年3月正式成立了“恰白·次旦平措学术思想研究”课题组，就恰白·次旦平措的学术生涯、学术成就、学术风范以及学术思想进行专门研究。同年10月底，西藏社会科学院党委书记孙勇同志在“恰白·次旦平措学术思想研究座谈会”的总结讲话中，要求每位学者通过研究学习恰白·次旦平措的生平及学术思想，以正确思想为指导，开拓一条从自发到自觉的学术研究道路；鼓励课题组在良好的前期研究基础上，戒骄戒躁，乘胜前进，在工作中要变压力为动力，把研究工作向精细深入推广；以这次社科院实施的开放办院、合作办院以来的第一个跨所、跨院、跨学科的重大合作课题为契机，建议由西藏社科院牵头，努力整合全区乃至全国各地的藏学研究力量和研究资源，形成合力，在跨学科、跨区域性的重大课题方面多做工作，提高我区藏学研究在国内国际上的地位。①

根据孙勇书记的指示，“恰白·次旦平措学术思想研究”课题组，邀请了西藏社科院内外各方面的专家学者，集中精力研究恰白·次旦平措学术思想，并编辑出版“恰白作品与学术思想研究丛书”。截至2010年，该课题组已经出版的恰白·次旦平措研究成果有《恰白·次旦平措学术论文集》（藏文，上、下册，中国藏学出版社、西藏藏文古籍出版社，2007年10月版）、《恰白·次旦平措学术论文汉译集》（中国藏学出版社、西藏藏文古籍出版社，2007年10月版）、《恰白·次旦

---

① 《著名藏族学者恰白·次旦平措先生学术思想研究座谈会在拉萨举行》，《西藏大学学报》2007年第4期。

平措学术思想研究评论集》（汉、藏合集，中国藏学出版社、西藏藏文古籍出版社，2007 年 10 月版）、《恰白·次旦平措文学集》（藏文，中国藏学出版社、西藏藏文古籍出版社，2008 年 12 月版）、《著名史学家——恰白·次旦平措访谈录》（藏文，中国藏学出版社、西藏藏文古籍出版社，2008 年 11 月版）、《史学研究大家——恰白·次旦平措先生访谈录》（汉文，中国藏学出版社、西藏藏文古籍出版社，2009 年 5 月版），《探究西藏历史的现代人——恰白学术思想评论集》（汉文，中国藏学出版社、西藏藏文古籍出版社，2009 年 12 月版），本书《超越神话的探究者——恰白·次旦平措学术思想述评》（汉文）等 10 种，即将出版的尚有《著名史学家——恰白·次旦平措访谈录》（英文）、《恰白·次旦平措年谱》（藏、汉文）等 4 种。可以说，这些论著不仅搜罗了恰白·次旦平措的既有研究成果，并翻译成汉文；而且，通过采访恰白·次旦平措和研究其学术思想，基本上形成了相对完整的恰白学术思想体系。

二、主要内容

恰白·次旦平措学术思想的内容可谓博大精深、涉及广泛。具体说来，主要包括以马克思历史唯物主义为指导的理论思想、以实证为主的历史研究方法、贴近现实的诗歌和文学思想、敢于质疑和求真的学术精神以及虚怀若谷和客观严谨的治学态度等，为我们后辈学者治学和做人留下了宝贵的精神财富。

第一，以马克思历史唯物主义为指导的理论思想。马克思历史唯物主义认为社会存在决定社会意识，社会意识反作用于社会存在；生产力和生产关系之间的矛盾，经济基础和上层建筑之间的矛盾是推动社会发展的基本矛盾；人民群众是社会物质财富和精神财富的创造者，是变革社会制度、推动历史前进的决定力量；伴随着生产力的发展，人类社会从原始社会、奴隶社会、封建社会、资本主义社会、社会主义社会，最终走向共产主义社会。恰白·次旦平措在现实生活中尤其是从西藏和平解放以来，逐渐摆脱了宗教唯心史观和传统神学思想的束缚，自觉地以马克思历史唯物主义为自己工作的指导思想，从而取得了研究工作的重大突破。

恰白·次旦平措根据历史唯物主义的观点，即人类社会是从低级向高级、从简单向复杂发展的历史规律，将元代以前的西藏古代历史划分为原始社会、悉补野世系、吐蕃赞普以及分裂割据等历史时期，提出了十二小邦时期是西藏古代社会从原始社会向奴隶社会过渡时期的新观点。他根据《敦煌本吐蕃历史文书》中有关各小邦的资料，指出："从这些记载，我们能大致了解西藏古代进入奴隶社会时期，各地部落和部落首领的名称。"① 认为在十二小邦时期的最后一个时期西藏社会已经进入了奴隶社会。

恰白·次旦平措还根据掌握的可靠的历史资料，结合现在所形成的大昭寺的建筑款式、墙体、装饰、雕刻、木结构以及最早的壁画残迹，认为大昭寺"既体现了汉族兄弟带来的具

---

① 恰白·次旦平措、诸章·吴坚、平措次仁著，陈庆英、格桑益西、何宗英、许得存译：《西藏简明通史——松石宝串》，西藏藏文古籍出版社 2004 年 3 月第 2 版，第 17 页。

有唐代风格的工艺水平，也表明了尼泊尔工匠所给予的技术帮助，更验证了勤劳智慧的藏族人民富于创造性的才能”[①]。肯定了松赞干布、文成公主和赤尊公主在建造大昭寺的过程中都做出了一定的贡献，批驳了千年流传的松赞干布以五千幻化之身神奇创建大昭寺的神话传说，再次赞扬了劳动人民是建造大昭寺这一伟大艺术宝库的决定性力量。

恰白·次旦平措之所以能够打破陈规，取得如此辉煌的学术成就，主要是因为他“剥掉了藏族历史的神话外衣，还历史以真面目。以前很多有关藏族宗教渊源、派别等史书具有浓厚的宗教色彩。可研究历史，必须以唯物辩证的眼光去看待和认识，不能把自己的宗教信仰当作衡量历史的天平。虽然西藏历史离不开宗教，但历史不能等同于宗教史”[②]。正是由于摆脱了宗教偏见和传统神学思想的桎梏，以马列主义、毛泽东思想、邓小平理论为指导，运用辩证唯物主义和历史唯物主义的科学理论指导学术研究，恰白·次旦平措才能拨开西藏传统史学著作中的迷雾，探究西藏历史文化的真谛。

第二，以实证为主的历史研究方法。恰白·次旦平措在研究西藏历史的过程中，坚持论从史出，以实证为主的研究方法，强调用大量真实可靠的资料还原历史的本来面目。因此，他非常重视西藏历史相关资料的搜集、抄录、甄别和使用工作。具体说来，恰白·次旦平措研究西藏历史的资料主要来自以下三个方面：

---

① 恰白学术思想研究课题组编：《恰白·次旦平措学术论文汉译集》，西藏藏文古籍出版社、中国藏学出版社 2007 年 10 月版，第 229 ~ 230 页。

② 亚东·达瓦次仁：《西藏历史巨著〈西藏简明通史·松石宝串〉——访著名藏族学者恰白·次旦平措》，《西藏大学学报》2005 年第 1 期。

1. 藏族本身的历史文献。藏族史学从吐蕃政权开始就逐渐形成了对历史进行连续记录和叙述的优良传统，虽然以记述宗教史为主，但毕竟留下了大量反映西藏政治、经济、文化发展演变的王统记、王臣记、教法源流等各类代表性论著。恰白·次旦平措在主持编写《西藏简明通史》期间，费尽心机搜集新资料，终于在哲蚌寺找到了尘封已久的《德吴教法史》、《德吴觉色教法源流》、《朗氏家族史》、《汉藏史集》等7部史书。然后，还通过各种渠道，公家的、私人的、寺庙的、民间的，托朋友、找熟人，到处去借，最后收集到两百多本各类文献史料。既无电脑也不会使用电脑的恰白·次旦平措先生完全靠手抄摘录史料，这些珍贵的资料，成为其编写《西藏简明通史》的基本史料。

2. 金石铭刻等考古史料。恰白·次旦平措根据新发现的吐蕃摩崖石文、工布地区的第穆摩崖文字等考古资料，结合其他文献史料进行实证研究，陆续发表了《聂赤赞普本是蕃人——悉补野世系起源考略》、《简析新发现的吐蕃摩崖石文》、《论工布地区第穆摩崖文字》等考释性论文，得出了许多令人信服的结论。如，他认为“直贡赞普为吐蕃第七代赞普”，且“直贡赞普只有两个儿子，大儿子为娘赤，小儿子为夏赤”[①]，以史料批驳了直贡赞普有三个儿子的错误说法。恰白·次旦平措的这种以考古资料和文献资料相结合的“二重证据法”，对西藏新史学流派的建立和发展做出了积极的贡献。

---

① 恰白·次旦平措著，丹增汉译，达瓦次仁校：《藏文古代史料举要》，《中国藏学》1988年第2期。

3. 其他民族的文献史料。恰白·次旦平措在研究西藏历史文化时，非常注重汉文史料及敦煌文献中的相关史料，相互参证，从而得出符合历史事实的观点和结论。如在恰白·次旦平措研究西藏古代史的成果中，随处可见《新唐书》、《旧唐书》、《史记》、《资治通鉴》等汉文史书，以及敦煌吐蕃文书等史料。他指出："要做好西藏历史研究，首先要客观公正地对待每一条资料，在此基础上，要本着实事求是的原则去分析。"① 我们要消除"把敦煌文献、苯教文献、汉文文献，特别是《白史》等，视为对研究西藏古代历史没有任何价值的观念"②。强调研究西藏历史必须重视所有相关文献史料的重要性。

恰白·次旦平措虽重视史料，但并非盲从，也不存偏见，而是通过对史料的本证、互证和不同文字史料的对勘，确保所用史料的真实可靠，从而保证自己研究成果的学术水准。他认为："在评价有关藏族历史的王统史、苯教源流、佛教源流、各种传记、家族史以及其他史料时，不要迷信或带偏见，只要是如实记录了当时的历史，不管其著称于世否，不管其部头厚薄，作者是否有名，都要明确、坚定地认为是必须的资料。同时也要参照汉文及其他文字的史料，以此来搞清藏族历史的疑点，还其历史的本来面貌，这是藏学研究的一项不可回避的任务。"③ 即在学术研究中必须严格甄别史料，客观对待史料。

---

① 恰白学术思想研究课题组编：《恰白·次旦平措学术论文集》（上册），西藏藏文古籍出版社、中国藏学出版社2007年10月版，第105页。

② 恰白学术思想研究课题组编：《恰白·次旦平措学术论文集》（上册），西藏藏文古籍出版社、中国藏学出版社2007年10月版，第105页。

③ 恰白·次旦平措著，丹增汉译，达瓦次仁校：《藏文古代史料举要》，《中国藏学》1988年第2期。

唯有如此，才能客观、准确地进行实证研究，从而为我们指出了一条以历史唯物主义为指导，研究西藏历史文化的有效方法。

第三，贴近现实的诗歌和文学思想。恰白·次旦平措的诗歌创作和文学作品，坚持文学来源于生活实际，并服务于社会现实的原则，即文学要为人民服务，为社会服务的基本方向。具有强烈的社会责任感和人生关怀的恰白·次旦平措时刻关注人民疾苦，以诗歌和文学作品的形式抒发自己的亲身感受，反映西藏广大人民群众的生活状况和思想状态，歌颂党的民族政策，歌颂新西藏翻天覆地的巨大变化，歌颂西藏各族人民幸福的新生活，因而其作品不仅受到了西藏乃至全国各族人民的欢迎和喜爱，而且备受各级文化部门和广大读者的关注与高度评价。其诗歌《冬之高原》，一方面描写西藏冬天江河冰冻、万物凋零，另一方面描写西藏广大农牧民热火朝天的生产景象，一冷一热，形成鲜明对比。诗人运用这样一种鲜明的对比手法，烘托出今日西藏人民热情冲天的精神面貌。同时，也反映了在党的改革开放政策指引下，西藏高原处处呈现出一派经济发展、社会稳定、人民安居乐业的动人景象。① 《拉萨欢歌》则通过作者亲眼所见和亲身体会，讴歌了改革开放以后西藏在社会主义现代化建设大潮中出现的翻天覆地的巨大变化和欣欣向荣的繁荣景象。小说《贡觉下榻的客栈》，通过主人公——四川康区的贡觉大叔分别于 20 世纪 60 年代后期及十多年后两次投宿拉萨市民益西家所见到的拉萨城市的巨大变化，反映了

---

① 次多：《老骥伏枥 志在千里——浅析恰白·次旦平措先生文学作品的思想艺术》，恰白学术思想研究课题组编：《恰白·次旦平措学术思想研究评论集》，西藏藏文古籍出版社、中国藏学出版社 2007 年 10 月版，第 61 页。

西藏在改革开放年代中发生的日新月异的变化。[①] 其他诗歌如《我们牧人心里最清楚》、《春满雪域》、《从胜利走向胜利》、《歌颂新生活》，以及散文《啊！拉萨河》等都是关注民生、关注时代变迁、关注社会现实的优秀作品。

恰白·次旦平措的文学评论文章，也以史实为根据，决不人云亦云，纠正了藏学界一些长期存在的错误观点。如其在《谈谈与〈仓央嘉措情歌〉有关的几件历史事实》一文中，通过引用和分析《第五世班禅额尔德尼班丹益西自传》、《第一世嘉央协巴活佛自传》、《列隆协巴多吉活佛自传》、宁玛派著名伏藏大师久米多吉弟子所著《传记消除苦难之光明》等同时代人所撰写的有关记录仓央嘉措真实形象的史料，勾勒出了仓央嘉措真实形象的轮廓，纠正了学术界个别人对仓央嘉措形象的不真实的说法，匡正了舆论界存在的误导现象。[②]

恰白·次旦平措在诗歌或文学创作上，摆脱了传统文学作品的陈旧模式或言语生僻难懂的缺点，坚持行文流畅、通俗易懂。如，他在语言表述上，尽量避免深奥的宗教名词和方言、土语，力争做到表述得当，深入浅出，干净利落，浅显易懂，从而为我国藏学界带来了一股超凡脱俗的清新文风。

第四，敢于质疑和求真的学术精神。恰白·次旦平措重视历史文献，尊重先贤大德，继承并发扬优秀的传统文化，但绝非“拿来主义”，盲目信奉古人或未经考证的史料，而是敢于

---

① 次多：《老骥伏枥　志在千里——浅析恰白·次旦平措先生文学作品的思想艺术》，恰白学术思想研究课题组编：《恰白·次旦平措学术思想研究评论集》，西藏藏文古籍出版社、中国藏学出版社 2007 年 10 月版，第 64 页。

② 次多：《老骥伏枥　志在千里——浅析恰白·次旦平措先生文学作品的思想艺术》，恰白学术思想研究课题组编：《恰白·次旦平措学术思想研究评论集》，西藏藏文古籍出版社、中国藏学出版社 2007 年 10 月版，第 68 ~ 69 页。

质疑，勇于求真，实事求是。他曾说："历史文献中存有疑问的地方应该进行质疑，但提出疑问的最终目的，是为了使疑问能够得到更加有效的解决而不是使人们重新陷入疑团的僵局中出不来。这是毫无疑问的事情。"① 认为质疑历史文献的目的在于弄清史实，还历史本来面目。据此，恰白·次旦平措依据《大昭寺目录》等重要史料，纠正了《西藏王统记》一直以来假托于萨迦索南坚赞之说的历史贻误，提出了该书出自拉萨大昭寺管家勒贝西绕之手的见解。② 他在《聂赤赞普本是蕃人》一文中，依据大量的史料，有力地驳斥了有关聂赤赞普出身的种种神话传说，肯定了聂赤赞普是一位土生土长的西藏本地人的观点。③ 尽管许多僧人历史学家撰写的宗教源流和王统世系中，竭力贬低乌东赞赞普，甚至说他是一个头上长角的魔王，但恰白·次旦平措抛开宗教偏见，主张不应将乌东赞赞普完全定为一个反面人物。④ 诚如他自己所说：西藏历史研究要"根据西藏客观的历史事实，认真开展调查研究工作，只有这样才有可能真正还西藏历史以本来面目"⑤。正是他坚持敢于质疑和求真务实的学术精神，才能够在学术研究中得出这些比较客

---

① 恰白学术思想研究课题组编：《恰白·次旦平措学术论文集》（上册），西藏藏文古籍出版社、中国藏学出版社 2007 年 10 月版，第 1 页。

② 恰白·次旦平措：《再议〈西藏王统记〉的作者及其成书时间》，《西藏研究》1993 年第 4 期。

③ 恰白·次旦平措：《聂赤赞普本是蕃人——悉补野世系起源考略》，《西藏研究》1987 年第 1 期。

④ 恰白学术思想研究课题组编，何宗英汉译：《史学研究大家——恰白·次旦平措先生访谈录》，中国藏学出版社、西藏藏文古籍出版社 2009 年 5 月版，第 44 页。

⑤ 恰白学术思想研究课题组编：《恰白·次旦平措学术论文集》（上册），西藏藏文古籍出版社、中国藏学出版社 2007 年 10 月版，第 6～15 页。

观的结论。

第五，虚怀若谷和客观严谨的治学态度。尽管恰白·次旦平措是位学识渊博的大师，享有很高的学术声望和社会地位，但他依旧不骄不躁、埋头苦干、笔耕不辍、虚怀若谷。他接受亚东·达瓦次仁采访时，曾谦逊地说：《西藏简明通史》“是一部较为完整的西藏通史著作。我所谓的完整是指，如果用人来比喻的话，以前的众多西藏史著只能算是一个胚胎，现在它已初具人的雏形，有头有四肢。至于其五官以及头发、指甲等方面的工作就有待于后人了。因此我曾要求汉译本的书名务必使用‘简明’二字。”[①] 虽已洋洋洒洒百余万字，详细阐述了西藏社会从古代到和平解放时期的历史，仍坚持要求书名上务必使用“简明”二字，其谦虚态度可见一斑。

恰白·次旦平措素来治学严谨，对于不同学术观点的问题或学术资料支撑不够的问题，总是该肯定的给予学术定论，自己觉得拿不准的，便把各个观点和资料一一列出，供后人研究和发掘。诚如他在《西藏简明通史》前言中所说：“一、根据西藏的历史事实，主要参考资料以藏文史料为依据；二、对于不同观点尽量搜集到有关资料，在此基础上，努力进行全面的对照和比较，最后选择最有说服力的观点加以阐述，同时也做必要的说明；三、在藏文史料中没有记载或记载不清楚的地方，从已经译成藏文的汉文史料中进行若干补充；四、有的历史事件在普通史书中记载不详或不太清楚，凡在这方面找到的

① 亚东·达瓦次仁：《西藏历史巨著〈西藏简明通史——松石宝串〉——访著名藏族学者恰白·次旦平措》，《西藏大学学报》2005年第1期。

史料，在各个时期的历史叙述中尽可能全部使用。”[①] 而且，在引用史料时，注明出自何书，甚至页码也写得清清楚楚，方便了后人的查阅和研究，充分展现了其客观严谨的学术态度。

三、原因及影响

恰白·次旦平措具有如此内涵丰富、博大精深的学术思想，自然与其深厚的传统文化功底、丰富的人生阅历、接受的马克思主义理论和新中国与西藏翻天覆地的巨大变化密切相关，当然也包括他本人的不断努力。

首先，恰白·次旦平措具有深厚的传统文化功底，是产生其学术思想的知识基础。恰白·次旦平措出身贵族世家，具备学习传统文化的物质条件，自幼拜师多人，熟悉藏文文法修辞、“年阿”诗和藏族文学历史。其母亲是一位颇有学问的妇女，在对孩子的培养方面，“始终坚持把努力学习知识和良好的为人之道放在重要的地位”[②]；知识渊博的长兄拉敏·益西楚臣，亦对其“在诗歌的学习和创作方面有着深刻的影响”[③]。

① 恰白·次旦平措、诺章·吴坚、平措次仁著，陈庆英、格桑益西、何宗英、许得存汉译《西藏简明通史——松石宝串》前言，西藏藏文古籍出版社2004年版。

② 恰白学术思想研究课题组编，何宗英汉译：《史学研究大家——恰白·次旦平措先生访谈录》，中国藏学出版社、西藏藏文古籍出版社2009年5月版，第9页。

③ 恰白学术思想研究课题组编，何宗英汉译：《史学研究大家——恰白·次旦平措先生访谈录》，中国藏学出版社、西藏藏文古籍出版社2009年5月版，第9页。

可以说，良好的家教氛围是其成才的第一步。这些早年专心攻读的西藏传统历史文化的优秀典籍，为其今后的诗歌、文学创作和西藏历史研究奠定了坚实的知识基础。

其次，恰白·次旦平措丰富的人生阅历，是产生其学术思想的现实基础。自幼锦衣玉食的恰白·次旦平措，在成年之后曾以娘舅恰白家族的名号谋得地方政府官职，先后担任噶伦索康·旺钦格勒的首任侍从卫官、江孜宗宗本、盐税官、吉隆宗宗本等职，从而使他更加清楚地看到了旧西藏上层的诸多丑恶、腐败与虚伪，逐渐对噶厦及其官员失去了信心；也正因为他对西藏农奴制社会的腐朽、落后与野蛮，有着更为深刻的感受和体悟，所以，他毅然决然地与之决裂，积极支持西藏和平解放，积极支持中国共产党和人民解放军，积极支持西藏走社会主义道路。基于对西藏旧社会的反思和对新生活的向往，恰白·次旦平措一方面积极地参政议政，为西藏的平叛改革和现代化建设建言献策；另一方面也迸发了反映新西藏翻天覆地巨大变化的创作热情。

再次，恰白·次旦平措积极学习和接受的马克思主义理论，是产生其学术思想的理论基础。曾广泛阅读根敦群培著作的恰白·次旦平措，不仅较早地接触了“根敦群培的朴素唯物主义和人文主义思想”，而且“在其学术生涯中有很深的印记”[①]。但是，他并未停留于此，而是通过积极学习和接受马克思主义理论，坚持运用辩证唯物主义和历史唯物主义的科学

① 孙勇：《在“恰白先生学术思想探讨采访活动”会议上的讲话——代前言》，恰白学术思想研究课题组编，何宗英汉译：《史学研究大家——恰白·次旦平措先生访谈录》，中国藏学出版社、西藏藏文古籍出版社 2009 年 5 月版，第 3 页。

方法指导藏学研究，从而“把藏族史的研究在广阔的领域内从人文科学进一步引向了历史唯物主义”①，为自己的学术研究奠定了坚实的理论基础。

最后，新中国和西藏地方翻天覆地的巨大变化，是产生其学术思想的社会基础。随着西藏农奴制的废除和“文革”的结束，特别是改革开放之后，西藏地方社会局势稳定、经济快速发展、人民安居乐业，与此前贫穷、落后的旧西藏简直是天壤之别。亲眼目睹西藏封建农奴制社会与中国特色社会主义社会巨大反差的恰白·次旦平措，抑制不住内心的激动，先后创作了大量的诗歌、文学作品和历史著作反映西藏今昔的巨大变化。

当然，恰白·次旦平措能够取得如此学术成就，与其本人的勤奋好学和不懈努力分不开。因此，恰白·次旦平措学术思想既非临时创作，亦非昙花一现，而是其长期求学、治学、思考的总结，对于我们今后从事藏学研究具有非常重要的启示效果和深远的指导意义。

恰白·次旦平措学术思想不仅是西藏当代学术思想发展史上的一座丰碑，而且是后辈学者治学应该永远学习的楷模和榜样。具体说来，恰白·次旦平措学术思想的影响主要体现在以下三个方面：

第一，恰白·次旦平措学术思想在西藏学术思想发展史上，具有承前启后、继往开来的重要意义。恰白·次旦平措不仅学习了西藏优秀的传统历史文化知识，而且继承了根敦群培

---

① 拉巴平措：《以史为鉴　明辨是非——为〈西藏简明通史——松石宝串〉汉译本出版而作》，恰白学术思想研究课题组编：《恰白·次旦平措学术思想研究评论集》，西藏藏文古籍出版社、中国藏学出版社2007年10月版，第5页。

的朴素唯物主义和近代人文主义思想，某种程度上可以说是西藏近现代学术思想的集大成者。恰白·次旦平措坚持“取其精华，去其糟粕”的原则，认真学习和吸收藏文古典文学优美的语言、正确的思想、合理的表达方式，练就了扎实的古藏文功底，从而为其积累丰富的藏语文知识和推陈出新奠定了必要的基础。正是其善于学习和继承优秀历史文化知识的特点，使他很自然地继承了根敦群培的研究方法和学术思想。恰白·次旦平措曾说：“在我主持编撰的《西藏简明通史》里，虽然见不到根敦群培著作里写作技巧的影子，但是从根本上说，写作思想还是遵循了根敦群培的思想。直述史实，把个人的宗教信仰与研究工作严格区分开来。所以，我认为我的学术研究思想是受到根敦群培的重大影响的。但是，我并不是说我就很像根敦群培一样，而是说在后来的文章写作方法上，或多或少受到了根敦群培的影响。”① 可以说，他继承了自古以来西藏比较优秀和先进的学术思想，并为超越这种既有的学术思想准备了条件。

西藏和平解放以后，勤奋好学的恰白·次旦平措自觉学习马列主义、毛泽东思想和邓小平理论，主动地以辩证唯物主义和历史唯物主义的科学理论与方法指导自己的文学创作和学术研究，从而开启了反映西藏各族人民现实生活的文学创作的新时代，创立了抛弃神学观念束缚与宗教偏见，以实证研究为主，客观真实地阐述西藏社会历史变迁的史学研究方法，有力地推动了中国藏学研究事业的发展和藏学研究队伍的建设。他

① 恰白学术思想研究课题组编，何宗英汉译：《史学研究大家——恰白·次旦平措先生访谈录》，中国藏学出版社、西藏藏文古籍出版社 2009 年 5 月版，第 26 页。

曾经勉励青年学者说："愿意学习和研究西藏历史文化的年轻学者，首先要认真学习西藏的语言文字，这是非常重要的。如果做不到这一点，别说是研究西藏文化，就连学习了解西藏文化都很困难。所以，要研究西藏历史文化，先要打好扎实的基础。目前国内外有许多藏学研究者，但西藏始终是藏学的故乡，各种条件非常有利于我们的研究，希望大家在这些方面做出更多的努力。"① 不仅为年轻的藏学研究学者指明了从事藏学研究的正确方法，而且体现了他对西藏文化以及关心、关注、学习西藏文化的后辈学人负责的崇高学术精神。这种承前启后、继往开来的学术精神，正影响着一代又一代的藏学研究者不断以此为榜样攀登学术新高峰。

第二，澄清了西藏历史上的许多谬误，提出了一些学术新观点，并不断丰富、发展、完善自己的西藏历史观，为西藏各族人民重新正确地认识自身的历史创造了条件。如前所述，恰白·次旦平措根据大量真实可靠的原始材料，除澄清了西藏历史上长期存在的许多谬误外，还依据新出土的古文献《兄弟教诲录》写卷本，驳斥了赤松德赞创建桑耶寺即为西藏古代教育开端的说法，提出了西藏古代教育的发端远远早于赤松德赞时代的结论。以其为主撰写的《夏格巴的〈西藏政治史〉与西藏历史的本来面目》，更是用大量的事实有力地驳斥了分裂主义分子夏格巴·旺秋德丹炮制的种种谬说，澄清了是非，还西藏历史以本来面目。正如拉巴平措所指出："在近现代历史著作中，不乏客观、公正之作，但也有一些出于某种政治需

① 恰白学术思想研究课题组编：《恰白·次旦平措学术论文集》（上册），西藏藏文古籍出版社、中国藏学出版社 2007 年 10 月版，第 225 ~ 226 页。

要蓄意歪曲、篡改历史的书籍。夏格巴写的《西藏政治史》可以说是这方面的代表作，达到了登峰造极的程度，造成了极为恶劣的影响。《西藏简明通史》则在大量搜集、翻阅资料的基础上，尊重历史，尊重事实，客观公正地进行比较和研究，实事求是，寻根问底，去伪存真，不带偏见地指出历史的本来面目，仗义执言，正本清源。”① 他高度评价了恰白·次旦平措不仅澄清了西藏历史上的一些谬误，批驳了一些别有用心的所谓历史学家的错误观点，而且客观真实地还原历史真相，从而有助于西藏各族人民正确地了解和认识自身的历史。

恰白·次旦平措在文学创作和学术研究中，还提出了许多其他独到的学术观点，具有相当深远的历史影响。他根据对西藏十二小邦时期历史的研究，提出了自十二小邦最后一个小邦时期，西藏社会开始进入了奴隶制社会的新观点，曾引起学界关于划分西藏社会阶段的热烈讨论，有力地推动了西藏古代史的研究。他在编撰《西藏简明通史》时，突破此前在电视讲座的讲稿中关于西藏历史的章节安排，按照西藏的原始社会、赞普时期、分裂割据时期、萨迦派统治时期、帕木竹巴统治时期、藏巴汗、仁蚌巴、甘丹颇章统治时期等新的历史分期编定。② 这种关于西藏历史分期的方法，不仅获得了西藏史学界的广泛认同，而且产生了积极的示范效应。恰白·次旦平措还关注民生疾苦和社会现实，提出文学创作要反映最广大人民群

---

① 拉巴平措：《以史为鉴 明辨是非——为〈西藏简明通史——松石宝串〉汉译本出版而作》，恰白学术思想研究课题组编：《恰白·次旦平措学术思想研究评论集》，西藏藏文古籍出版社、中国藏学出版社2007年10月版，第4页。

② 恰白学术思想研究课题组编，何宗英汉译：《史学研究大家——恰白·次旦平措先生访谈录》，中国藏学出版社、西藏藏文古籍出版社2009年5月版，第24页。

众的实际生活，反映中国共产党领导下西藏今昔发生的沧桑巨变。这完全符合文艺服务于人民、文艺服务于社会主义的基本方向，极大地影响着新时期西藏文艺界的创作活动和发展方向。当然，恰白·次旦平措在文艺表现形式、写作方法等方面的观点和看法，也都积极地促进了西藏文艺事业的繁荣发展。

难能可贵的是，恰白·次旦平措在学术研究中始终坚持积极创新、与时俱进，而且善于自我扬弃，不断丰富、发展和完善本身的西藏历史认识。随着历史知识的丰富、历史认识的深入和史学理论的升华，以及近些年来西藏地方社会形势的变化，具有强烈社会责任感和时代使命感的恰白·次旦平措，并未仅仅停留在客观阐述自古以来藏汉友好关系以及西藏社会历史发展演变的原有基础之上，而在自我扬弃的基础上先后发表了《以友好为主流的唐蕃关系》（《中国藏学》2008 年第 1 期），《以史为鉴　明辨是非》（《西藏日报》2008 年 4 月 24 日）等文章。他在文中批驳了达赖分裂集团所谓的“大藏区说”、“西藏独立论”等歪理邪说；根据《汉藏史集·贤者所喜》等史籍，肯定了汉、藏、蒙古等族从最初的同一个族系演化而来的藏汉同源说[①]；提出了西藏自古以来就是中国领土不可分割的一部分，即使西藏历史上最强盛的松赞干布时期仍是唐朝皇帝属下的一个小邦，所以，西藏在历史上从来就没有

① 恰白·次旦平措：《以友好为主流的唐蕃关系》，《中国藏学》2008 年第 1 期；恰白学术思想研究课题组编，何宗英汉译：《史学研究大家——恰白·次旦平措先生访谈录》，中国藏学出版社、西藏藏文古籍出版社 2009 年 5 月版，第 27 页。

真正成为过一个“独立”的国家①；强调从历史上看，现今中华人民共和国境内的所有藏族居住区，从未被同一个地方政府管理过，也不存在所谓的“大藏区”这么一个行政区划②，揭穿了达赖分裂集团的无耻谰言和荒谬要求。不断扬弃、丰富、发展和完善自己的西藏历史观并非否定前期研究，而恰恰说明了他正视现实、客观严谨的治学态度和勇于开拓、勇于创新、与时俱进的学术精神，真不愧为时代的史学家。

第三，恰白·次旦平措求真务实，坚持真理的学术勇气，永远值得后人敬仰和学习。恰白·次旦平措在学术生涯中始终坚持真理，敢于突破陈规，不惧学术压力，所以，才能成为一代学术宗师。这方面最典型的事例，是他顶住各方面的压力，勇敢地发表了批驳大昭寺建造神话的《大昭寺史事述略》一文。他在一次在有关大昭寺历史的座谈会上，大胆地宣读该文，提出大昭寺是劳动人民修建的新观点，结果招致当时参加会议的一些代表的大加挞伐。他们污蔑恰白·次旦平措：“你连《柱间遗教》和《玛尼全集》这样西藏的重要史书都不承认，企图把西藏的历史给毁灭了。”甚至骂他是“披着羊皮的

---

① 恰白·次旦平措：《以友好为主流的唐蕃关系》，《中国藏学》2008 年第 1 期；《以史为鉴　明辨是非——访著名藏学权威、文学家恰白·次旦平措》，《西藏日报》2008 年 4 月 24 日；恰白学术思想研究课题组编，何宗英汉译：《史学研究大家——恰白·次旦平措先生访谈录》，中国藏学出版社、西藏藏文古籍出版社 2009 年 5 月版，第 28～29 页。

② 《以史为鉴　明辨是非——访著名藏学权威、文学家恰白·次旦平措》，《西藏日报》2008 年 4 月 24 日；恰白学术思想研究课题组编，何宗英汉译：《史学研究大家——恰白·次旦平措先生访谈录》，中国藏学出版社、西藏藏文古籍出版社 2009 年 5 月版，第 29～30 页。

狼”，几乎将其送至批斗席上。[1] 但是，恰白·次旦平措顶住压力，毅然在 1982 年《西藏研究》创刊号上发表了该文，从而在学术界引起了强烈反响。事实已经证明，并将继续证明“学术来不得半点虚假”，只有坚持真理，求真务实，才能获得客观的历史认识，才能获得人们的认可，也才能最终获得人们的理解和尊重。

综观恰白·次旦平措的学术生涯，再次深感其学术思想的博大精深与丰富内涵，我们不仅要研究恰白·次旦平措的学术思想，更要学习其学术思想、学术精神和学术勇气，自觉而坚定地迈开从事藏学研究的脚步，沿着恰白·次旦平措为我们开创的学术道路奋勇前进。唯有如此，我们才能在藏学研究事业上不断攀登高峰，取得一个又一个的胜利。

---

① 恰白学术思想研究课题组编，何宗英汉译：《史学研究大家——恰白·次旦平措先生访谈录》，中国藏学出版社、西藏藏文古籍出版社 2009 年 5 月版，第 21～22 页。

第一章　智慧人生

2004年5月，恰白·次旦平措就国务院发表的《西藏民族区域自治》接受访谈时，以史学家的广阔视野分析说："西藏历史上不管是萨迦统治时期、甘丹颇章政权，还是达赖喇嘛的政教合一统治，其统治者均采取保持当地原有社会制度和维护当地统治阶级的权力进行管理，没有让西藏人民过上幸福的日子。西藏和平解放后，进行了民主改革，成立了西藏自治区，西藏人民才开始行使自治权利，走上幸福之路。""中国那么大，有那么多的人口，那么多的民族，所有民族能团结一致，共同发展，皆是实行民族区域自治的结果。"表现出这位藏族优秀学者对现实的关怀，也是他真实思想的流露。明白这一点，就不难理解他所取得成就的原因，以及他研究西藏历史的落脚点究竟在哪里。

恰白·次旦平措出生在旧西藏贵族家庭，受过扎实的西藏传统文化教育，经历了西藏新旧两个社会，从一名西藏地方政府的官员成长为我国著名的藏族学者，尤其是在藏史研究领域取得了令人瞩目的成就。

第一节 梦幻童年

恰白·次旦平措于1922年（藏历第十五饶迥水狗年）6月1日出生于日喀则地区拉孜宗的敏吉家族，简称“拉敏”家族，祖辈系班禅属员，为扎寺拉章普通俗官，宅邸位于昔日十三万户之一拉堆强万户长冬宫，即后来的拉孜宗府脚下拉孜雪村南端。

恰白祖辈本非拉敏家族，而是拉孜宗世俗贵族鲁吉巴家族。藏历第十二饶迥土猴年（1728年），清朝雍正皇帝把拉孜宗、昂仁宗、平措林宗赐给五世班禅洛桑益西掌管，三个宗的贵族遂归班禅辖下，拉孜鲁吉巴自此亦成为扎寺拉章属吏。七世班禅时期，恰白的曾祖父旦贵长期出任拉孜辖内扎什伦布寺拉章所属各庄园征税官嘎甲瓦（粮库官），人称其“嘎钦”。旦贵的家教极严，而其子索朗次旦性格倔强，父子间关系日益恶化。经亲友调停，索朗次旦19岁正式离家，另立门户。

自立门户后的索朗次旦并未分得家里多少财产，但由于深得时任拉孜宗本的尺桑拉的器重，在其帮助下谋得扎什伦布寺拉章官位。期间，索朗次旦与香（南木林）地大户琼乃欧巴家女儿同居，于铁虎年（1890年）生子索朗平措。由于种种原因，二人最终未能成婚，索朗平措由母亲抚养。索朗次旦后与拉孜世俗贵族吉普家女儿成婚，于火猴年（1896年）得子平措杰布，后又生一女。原拉孜宗本尺桑拉卸任后，索朗次旦奉命接替宗本一职。担任宗本期间，索朗次旦办事干练，为官公正。当时拉孜宗府来仲（宗府秘书）敏吉普旦欠了扎什伦布寺拉章相当数额的粮银债务，由于没有子嗣，去世后无人偿还，因此索朗次旦自告奋勇地向班禅请求："鄙人担保偿还来仲敏吉遗欠府上之债务，并另选胜任来仲之人员。祈请将拉孜敏吉原有房产及半冈俸禄田地赐与吾人世代拥有之。"[①] 获班禅允诺。此后，恰白家始称"拉孜敏吉"家族，简称"拉敏"。索朗次旦在八、九世班禅时期，曾担任过扎什伦布拉章各种官职，后官至四品，任九世班禅大师的拉章上强佐（上库房之意）的四品僧官。九世班禅年轻时颇为青睐索朗次旦，亲自赏赐其拉孜宗东嘎萨堆庄园、措布庄园、原属扎什伦布拉章孜恰列空（上库房）的拉孜曲夏庄园、查卜森钦庄园，并颁布永久性官印文告："索朗次旦一家循例缴纳各庄园应缴之官税、供奉之后，将如上庄园赏与其世代所有。"[②] 自此，拉敏家族富甲一方。

索朗次旦去世后，长子索朗平措从母亲家回到拉敏本家，承袭了扎什伦布寺拉章官爵，历任姆康萨庄园谿堆、江孜查枯庄园谿堆、拉孜宗本兼拥希巴[③]、拉萨米康[④]头人等职。次子平措杰布则留在拉孜打理家中庄园，其兄索朗平措逝世后，平措杰布奉命出任扎什伦布寺拉章俗官，历任拉孜宗本、嘎甲瓦、拥希巴等职。兄弟二人合娶香南木林宗的敏吉林（原西藏地方政府官员）家女儿贡觉央金为妻，生有六男一女，长

---

① 《拉敏家世简述》，《恰白·次旦平措学术论文汉译集》，中国藏学出版社、西藏藏文古籍出版社 2007 年版，第 396 页。

② 《拉敏家世简述》，《恰白·次旦平措学术论文汉译集》，中国藏学出版社、西藏藏文古籍出版社 2007 年版，第 396 页。

③ 征缴各种实物（肉类、酥油、羊毛等）的官员。

④ 在拉萨的扎什伦布寺拉章的属民与房产，其头人类似于今天的"驻拉萨办事处"官员。

子益西楚臣，女儿索朗群宗，次子平措多吉，三子次旦平措，四子钦绕旺秋，五子格桑旺秋，六子索朗伦珠。贡觉央金是很有学问的贤妻良母，在孩子的培养教育方面，始终将兄弟六人努力学习知识和良好的为人之道放在首位，所以兄弟六人在藏文的书写、念诵、正字方面，均有较高水平。

长子拉敏·益西楚臣，最初在拉萨色拉寺出家为僧学经，曾取得格西学位。后来，九世班禅大师被迫离藏，长期驻锡祖国内地，下令拉敏·益西楚臣前去陪侍，他因此奉命前往祖国内地。在内地，直至 1952 年，中国人民解放军护送十世班禅大师返藏，拉敏·益西楚臣方同行回到西藏。1953 年，经中央人民政府批准，成立了班禅堪布会议厅委员会，他担任了该委员会的主任委员（总扎萨）。1956 年，西藏自治区筹备委员会正式成立时，担任副秘书长。1959 年，西藏政治协商委员会成立后，被选为副主席。拉敏·益西楚臣不仅藏传佛教知识渊博，且诗歌、藏文文法等领域的知识也丰富。在他的著作中，最主要的是他在青海时所著长诗《尊者米拉日巴传》。1936 年，拉敏·益西楚臣把该诗手稿带到拉萨，希望雕刻木版印刷时，作为兄弟的恰白曾数次通读过该手稿，很多有知识的僧俗官员也纷纷前来借阅。该诗内容丰富，遣词造句如同《百事如意藤》、象雄·曲旺扎巴之《罗摩衍那故事》、曼日巴·洛桑朗杰之《赤美衮丹的故事》等名著，优雅华丽，写作手法高超，受到广大读者异口同声的赞扬。但是，就当时拉敏家族的经济能力而言，无法将该手稿雕刻成木版。后来，索康府上答应为诗稿雕版，恰白家就把该诗稿交给了索康·旺钦格勒。不幸的是，那部珍贵的诗稿原件在 1959 年西藏反动上层发动武装叛乱时丢失，以后再未找到。另外，其著作中还有关于宗教和世俗的教化繁简本、多麦（青海等地）地区寺庙介绍及多种圣地赞、道歌、散文以及写给各界人士的书信等，共有（藏文长条书）二三部。目前能看到的仅有《班陀波五子传》和《青年沙门与美丽的森林之神的故事》两部，这两部诗作对恰白在诗歌的学习和创作方面有着深刻的影响。

次子拉敏·平措多吉最初也出家为僧，后来还俗，在扎什伦布寺拉章工作，曾任五品实职官员。1952 年，日喀则第一小学正式创建时，曾和恰白一起成为该校教师，从事教学工作。后来，拉敏·平措多吉曾任该校副校长和日喀则中学副校长，长期服务于日喀则地区的文化教育事业。

四子拉敏·钦绕旺秋，历任拉孜宗拥希巴、五品僧官、拉章译仓副秘书长、班禅近侍四品堪穷等职。

六子拉敏·索朗伦珠，为扎什伦布寺拉章俗官，出任四品官及班禅大师书记员，曾任自治区政协副主席多年，现已退休。

拉敏家三子次旦平措，即恰白·次旦平措。由于在西藏地方政府内担任四品官的娘舅恰白·晋美贡嘎无子继承家业，便将次旦平措过继到其名下，改户名为恰白。恰白 7 岁入私塾，分别随三位老师学习藏文文法修辞、诗体和藏族文学、历史等传统文化基础知识，为其日后在藏文文法、藏族文学及西藏历史方面从事研究奠定了坚实的基础。恰白先用了两年时间在拉孜确第寺秘书尊珠嘉措所办的私塾学习藏文字母的读、写。后来，一位学问非常好的秘书确扎从拉萨来到拉孜吉普家，索朗次旦及其夫人听说以后，便让恰白从原来的私塾退出，到确扎秘书的私塾去上学。在此期间，恰白主要学习传统的文字写法，每天都要在习字木板上练写字体，开始时只写单个字母，第二阶段写具有上加字、下加字的文字，然后写长体字、短体字、小字、草字等。当时，到那里上学的人有拉孜地区宗府的秘书、商人等大户人家的子弟，约 20 多人。西藏地方政府官员曼日瓦·确杰嘉措各方面的学问都非常渊博，受“龙夏事件”牵连被撤职后，回到了他在拉孜的私人豁卡。索朗次旦及其夫人听说后，又让恰白到他那里去学习练写短体字、小字、草字以及纸上书写，前后约 3 年时间。在曼日瓦·确吉嘉措跟前，恰白还获得了学习筹算的好机会。后来，恰白还从拉孜确第寺格西洛桑次成处学习了藏文文法《三十颂》和《音势论》等著作。

1939 年，恰白 18 岁时，与朵苏·德钦曲珍成婚，生有一儿一女。朵苏·德钦曲珍是西藏地方政府官员朵卡尔苏巴家的女儿，也是藏族大文豪朵卡尔·次仁旺杰（《勋努达美的故事》作者）的后人。1949 年，随着拉敏家几个儿子相继结婚或临近婚配年龄，家族经过协商后和气分家。恰白·次旦平措分得芒嘎卡窝庄园后，正式离开拉敏家族。他通常在夏天携妻子儿女到庄园，平时都在房内看书。尽管恰白身为旧西藏贵族，却对下人很好，从不打骂仆人。

恰白婚后并没有放松学习，又把藏堆白玛曲林寺的活佛洛桑群培请到家中，向他求教传统诗学的第二、第三部分理论及写诗技法。

第二节 人生的跨越

19 世纪末 20 世纪初，随着英、俄、日等帝国主义列强侵藏活动的加剧，以及中国国内政局动荡，尤其因西藏地方政府任意加重班禅拉章的赋税，遂致十三世达赖喇嘛与九世班禅失和。九世班禅无奈之下，被迫出走内地，最终未能返回西藏。此后的 30 年间，扎什伦布寺拉章的一切权力落于噶厦派遣的扎萨喇嘛及其同僚手中，扎什伦布寺拉章下属人员因而受尽欺辱。噶厦为增加军饷还向扎什伦布寺拉章属员加重赋税，拉敏家族自不能免。因恰白·次旦平措的父亲索朗平措是扎什伦布寺拉章办事官员，在一次事件中遭受无端牵连，被噶厦判罚承修布达拉宫至罗布林卡、布达拉宫至流沙河桥两条道路三分之一的路段，在拉萨欠下大笔公私银债。对当时扎什伦布寺拉章官员来说，免遭地方政府迫害的最好方法就是家中有人能够设法挤进地方政府官吏行列，于是恰白在 20 岁时（1942 年），由拉敏家过继给在拉萨任四品官的舅父恰白·晋美贡嘎家（舅父无子，无人承继地方政府官职），改户名为恰白。

1942 年藏历五月，经恰白·晋美贡嘎的推荐，恰白·次旦平措到噶厦孜康①当了一名孜处巴②。此前恰白曾在曼日瓦·确吉嘉措处学过历算等，因此这项学习对恰白来说是一件熟悉的专业了。由于恰白的计算能力强，所以受到了当时在孜

---

① 即统计局。

② 学计算的学徒。

康内任孜巴[①]的夏格巴·旺秋德丹[②]的赏识。每当遇到难题时，夏格巴总是很客气地请恰白来协助完成，还主动向他传授计算方法和书写公文的知识。1942 年藏历十月二十五日[③]，恰白申请地方政府官员成功，成为噶厦的一名正式官员。1943 年，在任噶伦囊琼巴突遭罢黜，准备赴任昌都总管属下四品办事官的索康·旺钦格勒[④]，秘密通过大强佐（大司库）等人，重金贿赂达扎摄政以谋求噶伦官职。在达扎一手遮天、大权独揽的情况下，索康被任命为噶伦。按惯例，西藏地方政府要为每一位噶伦配备一名青年官员做“嘎巴”[⑤]，恰白因此被选为索康·旺钦格勒的首任嘎巴。在此期间，通过与夏格巴、索康等人的接触，恰白对噶厦内幕有了更多的了解，也逐渐对噶厦及其官员失去了信心。

恰白任嘎巴三年期满后，索康出面推荐他担任江孜宗（日喀则地区的一个大宗）的宗本，品级为五品。1947 年，他前往江孜宗赴任。1948 年藏历新年，与另一名江孜宗本平康·贡布次仁回到拉萨参加祈愿大法会。“热达事件”发生后，热振活佛被投入布达拉宫的厦钦角监狱，亲帝分裂势力掌握了噶厦大权，倾向于中央政府的爱国力量受到了沉重打击。

---

① 统计员。

② 夏格巴·旺秋德丹，顽固的分裂主义分子，与帕里税官堪穷强基巴·土登次白、亚东总管四品官邦达·洛桑亚培、前藏代本索康之子拉旺多杰等人组成所谓的“商业代表团”，于 1948 年 10 月（在档案文献中，有的记载为 9 月，有的却记载为 11 月）被派往美国等一些国家进行联系，后逃往印度，著有《西藏政治史》。

③ 藏语“甘丹阿木确”，即燃灯节。

④ 索康·旺钦格勒，顽固的分裂主义分子，后逃往印度。

⑤ 噶伦侍卫，七品。

因同僚平康·贡布次仁的父亲平康噶伦与热振活佛交情深厚，受此牵连，恰白被免去江孜宗宗本一职后回到拉萨，在谢康[①]工作了6~7个月。这是一份没有薪酬的苦差。在此期间，恰白一家的生活十分困窘。1948年底，恰白设法进入了盐茶局[②]，被任命为列孜拉果的盐税官[③]，前往吉隆任职，为期三年。

1951年，吉隆宗宗本一职正好空缺，索康就提议任命恰白为吉隆宗宗本，任期两年，品级为五品[④]。任职期间，恰白对当地百姓宽厚仁爱，从不欺压。此外，他特意延聘在边巴山山洞闭关修行的康地群廓寺诺布扎西为老师，从这位精通声韵学等渊博知识的学者处再次学到了传统诗学的中、下两部分及其他藏学知识，尤其是深入学习了传统诗学中的"三十五种修辞法"的全部例句，故在文学创作方面打下了扎实的基础。

1951年5月23日，中央人民政府和西藏地方政府在北京签署《中央人民政府和西藏地方政府关于和平解放西藏办法的协议》（简称《十七条协议》），标志着西藏地区的和平解放。1952年，中国人民解放军到了日喀则。根据《十七条协

---

① 检察机构。

② 驻藏帮办大臣张荫棠于1906年来到西藏后设立，对于促进西藏盐茶事业、经济发展具有一定的积极作用。

③ 盐税官是盐茶局的属员。盐茶局发给盐税官大量的"税票"，并将税票的数量进行登记，然后拿着那些税票到列孜地区的拉果渡口去收税。列孜拉果是藏北的一个地方。以前，藏北的盐都输往尼泊尔，首先进行盐粮交换，把换得的盐运到吉隆和宗嘎等低处地方，尼泊尔人再把大米带到吉隆和宗嘎来交换盐。盐税官的任务就是向进行米盐交换的人们征收税钱。收税以后，要在税票上写明税额和所收钱数，并盖章。那些进行交换的人们拿着税票到边界关卡守关员那里交验。在检验时，如果税额没有出入，便无条件放行。

④ 宗堆中最高的品级，其下有六品，豁堆是七品。

议》第九条规定："依据西藏的实际情况，逐步发展西藏民族的语言、文字和学校教育。"1953 年 5 月 23 日，在欢庆《十七条协议》签订两周年的时候，日喀则小学（亦称关帝庙、格萨尔庙小学）筹办就绪，正式开学。日喀则小学是继拉萨小学后的西藏第二所公立小学。恰白自愿到该小学任教，这是他参加革命工作的开始。1953 年 6 月，日喀则成立了爱国青年联谊会，恰白兼任该会主任委员，因此不仅要抓学校的教学和管理，而且还要去参加青年联谊会的活动，学习和宣传《十七条协议》的内容。1954 年，任日喀则小学教务主任约一年后，恰白又被提升为日喀则小学副校长，后来又担任校长。1956 年夏，自治区筹备委员会成立后，以陈毅副总理为首的中央代表团从拉萨来到了日喀则，恰白受到了陈毅副总理的亲切接见。陈毅副总理鼓励他说，"在这样短短的几年里，由于你们汉藏族教师、干部的团结和辛勤工作，培养下一代人的工作已经取得了初步成效；将来西藏地区的工作要靠本民族自己去做，你们还要再接再厉，努力搞好教育工作，让西藏地区的儿童们健康地成长。你们的工作是很光荣的……"① 恰白深为感动，喻之为"难忘的时刻"，至今仍深受鼓舞。

1955 ~ 1957 年间，恰白还被任命为日喀则基巧办事处的常务委员、文教科科长。在党的教育、培养下充满了理想、抱负和远大的志向，恰白的思想觉悟提高很快，经常向日喀则分工委机关的领导汇报、请示工作，努力完成党组织交给的各项任务，得到了各位领导的肯定和赞扬。也正是因为如此，招致

---

① 《日喀则小学建校经过》，《恰白·次旦平措学术论文汉译集》，中国藏学出版社 2007 年版。

了噶厦中某些反动上层人物的不满，于 1958 年将恰白调离日喀则，任命其为香南木林宗的宗本。尽管恰白本人不愿上任，却不得不遵守那道命令，于是便敷衍了事地到香南木林宗办理接任手续，找了一个人代替他在香南木林宗处理日常事务后，便匆匆返回日喀则。在他办理接任手续期间，了解到噶厦在南木林宗的甘丹穷果林寺私藏大量武器、弹药的消息。返回日喀则后，恰白向统战部的李天民部长详细汇报了这一情况，为分工委和西藏工委掌握叛匪的动向提供了重要线索，受到了有关部门的嘉奖。

1959 年 3 月，西藏地方政府中的分裂分子和上层反动集团，发动了以拉萨为中心的全区性武装叛乱。中央人民政府在平息叛乱的同时，解散了发动叛乱的噶厦。1959 年 8 月 1 日，恰白接到日喀则统战部的命令，命令其前往香南木林参加平息叛乱及民改工作，直到 1960 年 7 月。此间他经受了革命风暴的洗礼和考验，也见证了老一代汉藏族干部那种无私和忘我的革命精神。

日喀则政协于 1959 年 12 月 29 日正式成立，恰白当选为日喀则地区政协委员。1965 年，恰白当选为拉萨市政协委员、常委和副秘书长，兼任文学艺术联合会第一、第二届副主席，从此离开了家乡日喀则。

“文化大革命”开始后，拉萨市政协曾一度关门，政协委员全部分到城关区各居委会，恰白被分到了吉热居委会。其间，恰白的儿子恰白·东觉在萨迦县过世，留下一女美多。后来，恰白就与孙女美多生活在一起。

1974 年，政协委员和学校中出身于领主、代理人的老师都被集中起来，到拉萨大昭寺参加学习班，恰白作为政协委员自然未能幸免。1977 年，在上级领导的特殊关怀下，恰白与西藏的一些基层干部和统战人士到祖国内地参观学习。

“文革”结束后，恰白重新回到了自己的工作岗位。1978 年，恰白担任第三届自治区政协常委、文史资料委员会主任。此后，长期连任自治区政协常委、兼任区政协文史资料编辑委员会主任，除了参政议政外，还亲自编撰、整理文史资料文稿。1988 ~ 2001 年，又连续当选为全国政协第七、八、九届社科界委员。1996 年 5 月 ~ 1998 年 5 月，当选为西藏自治区人大常委会副主任。作为新旧西藏两个不同时代的见证者和亲历者，他充分认识到了新西藏诞生的光荣和意义，积极投身于新西藏的文化、教育等各项建设事业中并作出了巨大贡献。

第三节　从文学到史学

丰富的人生阅历和沧桑巨变的历史现实，成为恰白能够洞悉历史、明辨是非的重要基础。改革开放后，他以一种崇高的历史使命感和责任心，放弃个人喜爱的文学创作（特别是藏文诗的创作），转向藏学学术研究。

1979 年，恰白应邀出席拉萨市举行的关于大昭寺历史的讨论会。会上，恰白宣读了《大昭寺史事述略》一文，对大昭寺“由鬼神在晚间修建的”等神话传说进行了批驳，主张运用唯物主义观点，写成可靠可信的文字材料。该文分别于 1981 年底和 1982 年初在《西藏研究》汉、藏文版创刊号上发表。从此，恰白坚持不懈地对西藏的历史、语言文字、《格萨尔》、民俗风情、传统教育、道德伦理等方面进行了广泛而深入的研究。自1980~2008年，恰白陆续发表专著五部（含编著）七册，各类学术文章以及反映新西藏翻天覆地变化的诗歌、小说等文学作品百余篇。其中，有近三十部、篇先后荣膺国家及省部级各类奖项，十余篇重要论文或文史资料文章被译成汉文、英文。数十年来，恰白参与过区内外一大批图书、刊物、文论的编审、论证、咨询工作，做过多次学术报告和讲座，给各级各类人员授课，并积极参加各种学术活动、社会活动。

1983年，恰白被任命为西藏社科院副院长，参与负责西藏社科院的筹建工作。在社科院工作期间，他主要负责藏文古籍出版社的工作，到处搜集、整理、编审（包括藏文古籍的择优出版、作者及年代考证、古文解析等大量研究工作）古籍文献，特别是主持、整理出版史书，如成书于12世纪因被封禁而于数百年无人能见的信史孤本《德吴宗教源流》等为西藏藏文古籍抢救工作作出了重要贡献。此外，他还负责"格萨尔研究组"的工作，主要是将录音磁带记录整理成文字，先后发表过数篇研究《格萨尔》的文章，并多次获得奖励。

恰白·次旦平措在史学研究中非常注重实证研究，经常强调论从史出，以客观、真实的态度和对历史、后人负责的责任感，忠实地记录、研究历史。他不仅说过"一个真正的史学家，就得对历史负责，对后人负责"，而且在现实中也确实是这样做的。如，其所著《大昭寺史事述略》、《噶玛噶举派红帽系活佛停止转世始末》、《以友好为主流的唐蕃关系》、《论〈西藏王统记〉作者及其著作时间》、《试析悉补野一词》、《明朝对西藏高僧的封授》等论文，都是通过大量客观公正的史实，对西藏历史中的重要历史事件和疑点进行了鞭辟入里的剖析，得出了令人信服的结论，真正做到了还历史以本来面目。史料研究方面，他在《“雅鲁藏布江”词源略考》、《论工布地区第穆摩崖文字》、《略述古代藏文史料》、《略谈古藏文学习之相关问题》等论文中，运用多种研究方法对史实进行了缜密的考证和甄别。另外，他还在《藏文古代史料举要》一文中提出了关于史料考证的独到见解，即“我们在评价有关藏族历史的王统史、苯教史、佛教史、各类人物传记、家谱以及其他史料时，不要迷信或带偏见，只要是如实记录了当时的历史，不管其著称于世否，不管其部头厚薄，作者是否有名，都要明确、坚定地认为是必须的资料。同时也要参照汉文及其他文字的史料，以此来搞清藏族历史的疑点，还其历史的本来面貌，这是藏学研究的一项不可回避的任务”①。他在《对研究西藏古代历史的几点看法》、《发展中的藏族史学》等论文中，多次强调研究西藏历史时一定要“论从史出”，客观真实。他作为西藏近现代史的见证者和亲历者，写下了《日喀则小学创建经过》、《索康·旺钦格勒的一些轶闻琐事》、《回眸四十年变化奋勇前进》、《纪念百万农奴获得新生的日子——忆南木林平叛改革》等文章，留下了非常珍贵的第一手资料。

在恰白·次旦平措的诸多论著中，他于1989~1991年间主持编写的《西藏简明通史——松石宝串》（简称《西藏简明

① 恰白·次旦平措：《藏文古代史料举要》，《恰白·次旦平措学术论文集》，达瓦次仁汉译，西藏藏文古籍出版社、中国藏学出版社2007年版，第291页。

通史》)[①] 和 1996 年与其他几位藏学家共同编写的《夏格巴的〈西藏政治史〉与西藏历史的本来面目》，可以说比较典型地体现了其历史观和史学方法论。

《西藏简明通史》的编撰工作源自 1986 年西藏人民广播电台开设的一个西藏历史系列讲座。当时针对西藏人民广播电台拟定的 300 多个题目，由自治区政协、西藏社会科学院、西藏大学组织专家分头编写。时任西藏社科院副院长的恰白，不顾体弱多病，牵头撰写了有关吐蕃政权、萨迦政权等几十个章节。一经播出就收到了良好的社会效果。于是，从 1989 ~ 1991 年，西藏社会科学院精心组织，安排恰白担任主编，另有诺章·吴坚、平措次仁共同编撰《西藏简明通史》。在编撰工作中，他们坚持实证研究的方针，以客观真实和对历史负责的态度，认真查阅了大量的藏文原始资料。如，他们为寻找资料，在哲蚌寺封存已久的藏书库内整整翻找了 7 天，借出了《德吴宗教源流》、《德吴觉色教法源流》、《汉藏史集》、《朗氏家族史——灵犀宝传》等 7 部几乎无人得见的珍稀史籍，并通过各种渠道借得了两百多本有关西藏历史的文献资料。由于当时没有电脑和复印机，恰白等人只得亲自摘抄这些长达数十万字的资料，并制成卡片。

在恰白等人的积极努力下，藏文版《西藏简明通史》上、中、下三册分别于 1989 年 10 月、1990 年 9 月、1991 年 9 月由西藏藏文古籍出版社出版，向西藏自治区和平解放 40 周年

---

① 原著名为《西藏简明通史——松石宝串》。恰白·次旦平措为人谦逊、治学严谨，多次指出尽管该著作是一部较为完整的西藏通史但还不够完善，只能作为参考资料，今后还需要对其进行补充，要求汉译本的书名务必加上“简明”二字，故笔者特在文中加之。

献了一份厚礼。这是我国藏族学者用藏文编写的第一部西藏通史，它集近两千年西藏的政治、宗教、经济、文化、军事、民俗之大成，为我们学习和研究西藏历史提供了一部重要的参考书，受到了国内外藏学家、社会各界的广泛关注和高度评价，于1993年获得了我国图书出版的最高奖——国家图书奖，2006年5月荣获中国藏学研究中心、中国西藏文化保护与发展协会颁发的首届中国藏学研究“珠峰特别奖”。这部著作旁征博引，资料翔实，仅参考和摘录的藏文古籍就多达110多种，是其他一些西藏史书难以企及的。对于西藏历史上一些存疑的问题，例如藏族的起源、聂赤赞普的族源、直贡赞普的传承、吐蕃赞普的辈数排序等，都引用非常翔实的材料，进行有根有据的分析，得出了极具说服力的结论。难能可贵的是，本书作者站在辩证唯物主义和历史唯物主义的立场上，对某些篡改西藏历史、歪曲民族关系的论调，给予了准确有力的批评和驳斥。《西藏简明通史》作为藏文史学著作精品，正如拉巴平措在该书前言中所说：“在大量搜集、翻阅资料的基础上，尊重历史，尊重事实，客观公正地进行比较和研究，实事求是，寻根问底，去伪存真，不带偏见地指出历史的本来面目，仗义执言，正本清源”①，为今后西藏历史工作者的进一步研究奠定了良好的基础。陈庆英、格桑益西、何宗英和许德存等人经过两年翻译出来的汉译本《西藏简明通史——松石宝串》（即《西藏简明通史》）于1996年1月由西藏藏文古籍出版社出版，并于2004年3月校订再版。2006年5月，该书获得中国

① 拉巴平措：《以史为鉴，明辨是非——为〈西藏简明通史〉汉译本而作》，载恰白·次旦平措、诺章·吴坚、平措次仁：《西藏简明通史——松石宝串》，陈庆英、格桑益西、何宗英、许得存译，西藏藏文古籍出版社2004年版。

藏学研究中心、中国西藏文化保护与发展协会颁发的首届中国藏学研究翻译类成果一等奖和西藏自治区首届优秀翻译作品特等奖。

夏格巴·旺秋德丹叛逃后，于1976年在印度出版了上下两卷的藏文版《西藏政治史》。在该书中，夏格巴对大量历史事实进行歪曲解释，并为了自己的需要篡改、阉割了大量重大历史事件的相关史料，从而以讹传讹，导致一部分外国读者误以为该书反映了西藏政治史的真实情况，在国际上产生了极坏的影响。

为了揭穿夏格巴投靠西方反华势力妄想以篡改历史达到分裂祖国的罪恶图谋，恰白同西藏社会科学院研究员格桑益西等人从学术视角，在尊重历史、尊重事实的基础上，翔实地论证了西藏是中国领土不可分割的一部分。他们通过引用大量被夏格巴篡改或阉割过的藏文原始文献，共同编写了《夏格巴的〈西藏政治史〉与西藏历史的本来面目》，并于1996年11月由民族出版社出版，将历史的真相展现在世人面前。该书共列了67条，逐条指出《西藏政治史》一书中杜撰、增删、篡改原文之处，以及掐头去尾的拙劣手法，科学论断于史料综述之中，同否认祖国统一的“藏独”谬论针锋相对，据理批驳，捍卫了历史尊严和学术公正。正如该书前言中所写：“我们评注夏格巴书的目的，其一是提供西藏历史的真实情形来除去《西藏政治史》中的污垢；其二是提醒愿意探索西藏真实历史的客观公正的专家学者们对此再次进行细致的研究；其三是想让不偏不倚、客观公正的各界人士明白这些重大问题的真实面目，弄清楚夏格巴在他书中所说的究竟与历史真实有无出入，以及夏格巴造成这些错误的原因”。在编写过程中，恰白及其同事们为了便于读者更清楚地领会一些重要历史事件的意义和明白无误地了解一些重要历史的来龙去脉，在引用文献典籍时，对资料原文进行了较完整的引录和注释，同时还对与之相关的一些公私档案原文及出处进行比较引述，从而取得了客观公正地还原历史原貌的实际效果。

恰白·次旦平措在进行史学研究的同时，从未停止过文学创作，先后在《西藏文艺》等刊物上发表了多篇各种体裁的文学作品并获奖。如诗歌《冬之高原》于1980年10月荣获中国作家协会西藏分会颁发的一等奖，1981年12月荣获全国少数民族文学创作评奖委员会颁发的全国少数民族第一届文学创作评奖“新创作奖”，1985年荣获五省区藏族文学创作评奖委员会颁发的五省区藏族文学创作奖。《拉萨幸福歌》在全国少数民族第二届文学创作评奖中获得“新创作奖”，并于1985年荣获中国作家协会、国家民族事务委员会颁发的第二届全国少数民族文学创作评奖（1981～1984年）优秀短诗奖。小说《觉贡的房东》于1982年1月荣获中国作家协会、中国民间文艺研究会、《西藏文艺》编辑部颁发的1981年度全区优秀文学作品奖，1985年荣获由五省区藏族文学创作评奖委员会颁发的五省区文学创作一等奖。《党的好儿子卢耀增永远活在藏族人民心中》一文于1984年荣获《西藏文艺》杂志1982～1983年度优秀文章二等奖。诗学评论家们针对恰白·次旦平措的诗歌创作成就评价说：“恰白最擅长的当然是藏族传统‘年阿’体诗歌，但他却能为充分表达情感而大胆突破传统诗歌的格律和语言限制，使他的新诗呈现出了自然多样的风貌”①，“他既继承了前人的诗歌创作成就，又拓展了新诗创作的领域，在语言上既有传统诗作典雅优美的特点，又有现代诗作平易晓畅的风貌，剔除了某些传统诗歌的古奥艰辟、坚壁与某些现代新诗的浅白无味，实现了传统文化与现代文化的有机结合，为新诗创作树立了良好的典范”②，“作为西藏和平解放后一位很有特色和成就的诗人，恰白·次旦平措抒写个性情感的诗歌在西藏诗坛有着特殊意义和重要影响”③。恰白·次旦平措不仅文学创作成就非凡，而且文学理论功底深厚。如其所著《浅析回文诗的创作》、《评介萨迦格言》、《进一步加快继承、发展藏族优秀文学的步伐》等论文，不仅运用当代文学理论，以深邃的思想和犀利的笔法进行评论，而且从宏观的角度对藏族传统文学中的某些形式和现象进行反思和评价，极大地促进了当代西藏文学的发展和进步。他在藏文语言研究方面也有相当的造诣，著有《略谈古藏文的解读》、《古藏文学习琐议》、《藏族语言文字学发展初考》等论文。此外，他还发表了一些关于教育和民俗等方面的论文。

恰白·次旦平措治学严谨、刻苦钻研、忘我工作、成果丰

---

① 德伦·次仁央宗：《评恰白·次旦平措的诗歌创作》，《恰白·次旦平措学术思想研究评论集》，西藏藏文古籍出版社、中国藏学出版社 2007 年版，汉文部分，第 75 页。

② 德伦·次仁央宗：《评恰白·次旦平措的诗歌创作》，《恰白·次旦平措学术思想研究评论集》，西藏藏文古籍出版社、中国藏学出版社 2007 年版，汉文部分，第 76 页。

③ 德伦·次仁央宗：《评恰白·次旦平措的诗歌创作》，《恰白·次旦平措学术思想研究评论集》，西藏藏文古籍出版社、中国藏学出版社 2007 年版，汉文部分，第 71 页。

硕，受到了中央及自治区各级领导的关心、支持和高度评价。胡锦涛同志担任西藏自治区党委书记期间，非常关心恰白的生活和研究工作，曾在新年时到家里看望他，嘘寒问暖，亲自解决其研究中存在的一些问题。1990 年 7 月下旬，江泽民总书记来西藏视察工作，胡锦涛同志专门把恰白介绍给江总书记。当《西藏简明通史》第一卷举行首发式时，胡锦涛书记亲临会场，并即席作了重要讲话，对这本书给予了充分肯定。

恰白潜心治学、无私奉献的精神，值得后人学习与敬仰。2007 年 1 月，西藏社会科学院成立了“恰白·次旦平措学术思想研究”课题组，就恰白·次旦平措生平、学术生涯及学术思想进行专门研究。但是，恰白在出席西藏社会科学院于 2007 年 10 月 28 日～29 日举办的“恰白·次旦平措学术思想研究座谈会”时谦虚地说：“我只是把自己的知识留存下来、传送出去，其中的弱点、不足，甚至谬误，也留待大家品评、取舍。”如今，恰白·次旦平措虽已届 87 岁高龄，却仍潜心治学，耐心地为后辈学者传道、授业、解惑。

第二章　诗意、创意、理想

恰白·次旦平措的文艺思想，在他的整个学术思想体系中无疑占有非常重要的位置。作为文学家，恰白·次旦平措的文学思想散见于其文学作品的字里行间，从中可见他的哲学思想、伦理思想、政治思想以及文艺美学思想等。但是，学界更多地关注他的史学论著与文学成就，某种程度上忽略了他的文学理论与文艺思想。其实，恰白·次旦平措之所以能在诗歌、小说、散文、史学等不同领域取得突出成就，与其广博、深厚的文艺思想密切相关。如其文艺作品中处处体现着审美价值、文献价值、学术价值以及人生的终极关怀和普世价值观。

考察和研究恰白·次旦平措的诗文作品，发现其价值远非“诗歌”、“散文”或“小说”的概念所能覆盖和诠释的。恰白·次旦平措用其诗文作品在文学、史学以及文化学之间架起了一座桥梁，并以其自身独特的视角与感受将西藏的自然、历史、民风民俗、社会现实等恰如其分地展现在其作品之中。恰白·次旦平措虽用文学作品来审视、剖析和诠释西藏社会的现实与今昔变化，但在作品中却更多地运用了史学家的视角与方法，总是将历史学的知识转化为自己的思维，并把它变为创作文学作品的重要支撑。

众所周知，每位学者在构建自己的学术体系或思想体系时，往往会运用自己敏锐的直觉和丰富的想象力以及自身独到的经验，而恰白·次旦平措也是运用了诗人、散文家及史学家的优势，构筑其文学体系及文学大厦。因此，我们试图通过解读恰白·次旦平措之文学作品，揣测和理解其文艺思想。

20 世纪 50 年代，西藏文坛呈现出全新的面貌，而其文艺思潮的核心，就是走向现代化；其主题是反对封建神权、鞭挞旧社会、批判旧制度、赞美新生活、歌颂共产党、歌颂解放军等。恰白·次旦平措就生活在这一伟大的历史转折时代。他是当时为数不多的、能够自觉地运用马克思主义的文艺观从事文学创作与学术研究的优秀代表，因此成为西藏现当代文学史上新文学的开拓者和奠基者之一。通过对恰白·次旦平措文学作品的考察、梳理与研究，我们认为恰白·次旦平措在政治思想上主张开明、和谐、包容与建设。其文艺思想的本质是人文主义，以人性自由为价值观写真论实，他的作品中处处闪烁着人文主义和朴素唯物主义的光芒，而这种人文主义的思想基础就是真、善、美。“真”是恰白·次旦平措文艺思想的生命，是核心；“善”是恰白·次旦平措文艺思想的基点，是价值；“美”即真实，“真实即美”是恰白·次旦平措现实主义文艺思想的美学基础。可以说，恰白·次旦平措在美学思想上所体现出来的是一种混沌美。所谓混沌美主要是一种对生活的深刻体验和领悟的结果，因此，混沌美的基础是“真正的写实”。所谓“真正的写实”就是一种全方位的、混沌的写实，一种无选择的广泛的真实性。当然，作为一名传统学者，恰白·次旦平措虽在文学创作方面主要受传统的影响，但其思维方式以及语言艺术方面的实践，却丰富了现当代藏族文学创作的理论。一般说来，恰白·次旦平措总是能够凭借他特有的敏锐捕捉到他所处时代的激动人心的社会现象，并用鲜明的艺术形象将它及时准确地表现出来。

因此，可以说，恰白的文学作品是他见证历史、经历生活、感受时代的总结与升华；而且，他的作品本身又融入了历史，成为西藏现当代文学史及思想史的重要文本。

第一节　诗　意

恰白·次旦平措是西藏现当代文学史上为数不多的自愿接受现代文艺思潮即人文主义、唯物主义思想而又具有深厚传统文化底蕴的综合型学者、作家、诗人。他在诗歌、散文、小说，以及文学创作、史学、文化学研究等方面都取得了令人瞩目的成就。尤其是他的诗文创作，无论是数量上还是质量上都是一流的。他的作品风格也具有多种形态之美，这就构成了他文学作品美的极大丰富性和表现混沌美的美学思想基础。恰白·次旦平措经历过新旧两个社会，所以，他用文学再现并反映了这一伟大而重要的历史进程。他的一生作品甚丰，是一座无限丰富的艺术宝库，其中包括：诗歌、散文、小说和学术论文等。

文学艺术既来源于生活又高于生活，因为它所反映的现实生活，与哲学、历史等其他学科在形式上有所差别。别林斯基说：“哲学家用三段论法说话，诗人则用形象和图画说话，然而他们说的都是同一件事情。”① 而历史学家则是运用史料客观真实地记述人类过去与现在的生活。因此，作为历史学家和文学家的恰白·次旦平措，认识社会和反映生活的方式，一方面是用史料来论证，另一方面则是通过许多具体的活生生的艺术形象，来反映西藏社会生活的实际情景。

别林斯基说：“没有一个诗人能够由于自身和依赖自身而伟大，他既不能依赖自己的痛苦，也不能依赖自己的幸福；任何伟大的诗人，是因为他的痛苦和幸福深深植根于社会和历史的土壤里，他从而成为社会、时代，以及人类的代表和喉舌。只有渺小的诗人们才由于自身和依赖自身而喜或忧；然而，也只有他们自己才去谛听自己小鸟般的歌唱，那是社会和人类丝毫也不想理会的。”② 而恰白·次旦平措的诗歌最光辉的特点，就在于它强烈的时事性和政治性；叙现实社会之事，抒西藏各民族之情，确实成了社会、时代以及人民的代表和喉舌。因此，他的诗歌既有文艺价值又有现实意义。他的作品不仅体现了作者的生活经历和时代际遇，而且具有作者独到的眼光和写作手法，以及丰富的艺术激情，真实而形象地反映和再现了新旧西藏沧桑巨变的历史进程，所反映的历史与现实达到了前所未有的广度和深度，已成为西藏社会的一面镜子。作为一个从旧西藏成长起来的贵族学者，恰白有他不可避免的阶级局限性和历史局限性，但根据历史唯物主义观点，不能把这一点作为衡量历史人物及其作品的唯一标准，而应当遵照列宁的指示：

① 孟庆枢编：《西方文论选》（下卷）高等教育出版社，2007 年版，第 390 页。

② 满涛、辛未艾译：《别林斯基论文学》，上海译文出版社，2000 年版，第 26 页。

“判断历史的功绩，不是根据历史活动家没有提供现代所需要的东西，而是根据他们比他们的前辈提供了新的东西”①。恰白·次旦平措所提供的“新的东西”，就是他创作的再现历史和再现生活的诗歌。

作为西藏和平解放后一位很有特色和成就的诗人，恰白·次旦平措抒写个性情感的诗歌在西藏诗坛上有着特殊意义和重要影响。如他的诗文集《冬之高原》中写得最动人的也是那些有着浓厚抒情意味的作品。针对恰白·次旦平措诗歌自成体系的审美意象和直抒胸臆的抒情方式，笔者侧重从艺术成就上进行分析、探讨，从而发现其诗歌的创作方式、艺术价值、创新意识和突破精神等。

一、直抒胸臆的抒情方式

恰白·次旦平措从20世纪50年代开始写新诗，出版有诗文集《冬之高原》。其中，颇具代表性的作品有《冬之高原》、《春之高原》、《拉萨欢歌》等诗歌。这些作品非常值得我们深思和研究。

诗歌是社会生活的反映，新诗在西藏诗坛的兴起，也深受当时社会风尚的影响。恰白·次旦平措在西藏当代诗坛上的崛起，除了他的天赋之外，便是时代的赐予。恰白·次旦平措生活在西藏高原，在高原的风俗人情、传统文化的熏陶下，有着深厚的传统文化底蕴，而改天换地的新社会、新生活又为他的诗歌创作添加了腾飞的翅膀。如20世纪80年代初创作的《冬

① 《列宁全集》2卷，人民出版社2003年版，第150页。

之高原》，就是一篇构思新颖、手法奇妙、写景逼真、抒情感人、文字高雅的杰作。“它给读者的印象是：把静静的万里高原写得活灵活现，把天寒地冻的冬天写得热火朝天，把万花凋谢的树木写得银花绽放，写出了翻身农奴当家做主的新的精神风貌，写出了团结、富裕、文明的新西藏”①。

在大雪纷飞的冬季，西藏是什么样的呢？诗人有一段慷慨的描绘：

寒冬季节的西藏高原，
像匹美丽的白绸光彩耀眼。
雪花镶嵌的巍巍雪峰，
像城墙似的把西藏围在中间。
将尘沙飞扬的“世界屋脊”，
冲洗得干干净净无比鲜美。
我们伟大祖国的西南边疆，
宛似象牙雕刻的金盆玉碗。

冬季的茫茫林海，在诗人眼中，透过飒飒寒风的逼人冷气也显示出勃勃生机：

大树小树宛似朵朵棉花怒放，
千山万岭有如春天山花烂漫。
人们的眼睛像十五的月亮，
兴致勃勃地观赏雪海银冠！

冬天，动植物又是怎样生活呢？诗人不写严寒的残酷无情，却在赞美大雪和坚冰是温暖的使者，这种新奇的观感，消除了人们的畏惧情绪，让人们沉浸在一种独有的乐趣之中：

---

① 耿予方：《西藏五十年·文学卷》，民族出版社 2001 年版，第 154 页。

越冬的禾苗静静地躺在田间，
亮晶晶的厚被覆盖上面。
为了阻挡奇冷的寒流，
白雪变成了厚厚的毛毯。
高原上的湖泊河流，
筑起玻璃似的白玉宫殿。
那些金眼银鳞的鱼群，
在白玉宫殿里安静地冬眠。

冬天，往昔是农闲季节；而今天，西藏为了加快建设步伐，在争分夺秒地大干苦干。诗人用诗句记下了这新的劳动场面：

藏族人民酷爱家乡高原，
像白松鸡一样不畏雪地冰天，
不管冷热变化多么剧烈，
总像雄狮一样威武庄严，
繁忙而信心坚定的农牧民，
为建设新生活正在挥洒热汗。
争取四个现代化早日到来，
大步迈进在新长征的万水千山。

诗人的思想和眼光，并没有停留在冬天的大地，在描绘了高原之冬以后，笔锋马上转到春、夏、秋，最后作出了这样的结论：

一年最冷的季节冬天，
西藏高原景象万千，
这是多么令人振奋，
这是多么美的画卷。

再想想百花盛开的新春，
再想想甘露滋润的夏天，
再想想硕果累累的金秋，
谁能不用美好诗句礼赞！

二、自成体系的审美意象

所谓“意象是文学作品中渗透了审美主体的审美思想和审美情感的物象，是精神内容的‘意’和物质形式的‘象’的有机结合，是作家用来传达感情、暗示思想的一个重要方式。一个诗人有没有独特的风格，有时取决于他是否建立了个人的意象群。诗歌的意象要具有个性特点，才可以体现诗人的风格”①。在恰白·次旦平措的诗歌中频繁出现的意象主要有春、夏、秋、冬、雪花、甘露、山河等。如：

寒冬季节的西藏高原，
像匹美丽的白绸光彩耀眼。
雪花镶嵌的巍巍雪峰，
像城墙似的把西藏围在中间。
……
再想想百花盛开的新春，
再想想甘露滋润的夏天，
再想想硕果累累的金秋，
谁能不用美好诗句礼赞！

① 童庆炳主编：《文学理论教程》，高等教育出版社1992年版，第265～266页。

恰白·次旦平措通过对这些意象的适时巧妙的运用，构筑了他以热情、赞美、崇善和感恩为主调的情感世界。尽管意象蕴涵的情感是诗人个人的情感，但意象本身固有的文化意蕴和民族共同的文化心态，使恰白·次旦平措的诗歌更容易赢得读者的共鸣。自成体系的意象使他的诗歌在热情奔放之外不乏含蓄蕴藉的传统美。

三、清浅平易的语言风格

恰白·次旦平措最擅长的当然是藏族传统诗歌，但他为充分表达情感而大胆突破传统诗歌的格律和语言限制，使他的新诗呈现出了自然多样的风貌。恰白·次旦平措的诗歌充满了节奏感和韵律感，是澎湃激情的抒发，而且含义深远、直抒胸臆，这种感情真挚的诗歌艺术风格使西藏诗坛有了新的创造。藏族传统诗歌创作追求语言的新僻和藻饰，而恰白·次旦平措的诗歌，语言清新，既典雅优美又自然流畅，富于音乐美。可以说，其诗歌的语言虽是千锤百炼的结果，却丝毫不露雕琢的痕迹，具有通俗流畅的特点。诗中各个比喻，新鲜准确，形象生动，宛如流水一样自然，毫无矫揉造作之感，而且诗歌内在情感流传的自然节奏感和旋律感一气呵成。如他的《冬之高原》就是以藏文字母为顺序的“噶协”形式写成的。这首新诗之所以受到赞赏，主要是突破了描绘雪景的传统手法，不是平铺直叙，不是辞藻堆砌，不是空洞赞美，而是抓住了今日西藏的社会现实抒写真人真事，触景生情，发出心底的呼唤，用词精确典雅，句句铿锵有力，从而使他的诗更自然，无矫饰，别具新质。《拉萨欢歌》则是用句首叠字的格律写成。全诗三十四节，每节四句，全诗描绘了拉萨古城的今日风采，给人一种换了人间的崭新感受。诗人进一步把拉萨与祖国联系起来，与各项现代化建设事业融为一体，并把拉萨的旧貌换新颜归功于党的领导，这无疑是主题思想的进一步升华，而该诗的双声进一步强化了声音铿锵激荡的美感。正因为如此，他的诗歌创作具有藏族传统诗歌与现代新诗的双重特点，尤其是自成体系的审美意象和直抒胸臆的抒情方式，展示了其诗歌传统和新质因素结合的风貌。

综上所述，恰白·次旦平措的诗歌情真意切，气度恢弘，恃才纵笔，立足于歌颂党、歌颂祖国、赞美新西藏的主题。他既继承了前人诗歌创作的成就，又拓展了新诗创作的领域。在语言上既有传统诗作的典雅优美特点，又有现代诗作平易晓畅的风貌；既剔除了某些传统诗歌的奥博、艰僻与某些现代新诗的浅白无味，又实现了传统文化与现代文化的有机结合，为新诗创作树立了良好的典范。

文学创作在很多时候是无意识的，只有具备大量的生活经验和文化素养的积累，才能喷涌而出。任何一个作家的生活都是丰富多彩，且不可复制的。恰白·次旦平措正是以自己丰富的人生阅历和深厚的文化底蕴为基础，构筑了自己的文学思想体系。文学应当关心社会，尤其是中国西藏的文学家更应如此。恰白·次旦平措就是这样一位深刻地关怀社会的作家，他以高度的社会责任感和使命感将自己的作品与时代的最强音联系在一起。可以说，这种责任感和使命感也就是一种感情，一种对民族和人民真诚的爱。它不是表层的物象，而是心灵的积淀，它是自然的、自愿的。只有当使命感、责任感成为一个人发自内心的要求时，他的行动才会更有意义。一个民族的文学，包含着该民族的生产方式、生活方式、地理环境、文化背景、心理素质、民情风俗以及由此决定的审美经验和审美理想在内的一整套的价值系统，而恰白的文学创作正是西藏民族文学丰富内涵的集中体现。

恰白的许多诗句，通常是写意与写景的结合，即通过写景阐述人生的感悟、心灵的外射和意念的迸发，从而达到“情景交融”的境界。作为诗人的恰白·次旦平措之所以能够用他那火一般的激情美妙的诗句打动无数读者，主要是因为他把抒民族之情、人民之情当成了自己的神圣职责。他的诗歌适合于社会上各个层次的读者，用今天的话说，真正做到了雅俗共赏。

第二节　创　意

我们在对作家的文学创作之路进行研究时，经常会发现这样一种现象：最初一些崭露头角、才学比肩的人，随着时间的推移，空间的变化，有的人会默默无闻，在历史的长河中没有留下一点痕迹；有的人则执著于自己追求的目标，始终不悔不弃，最终获得了较大的成功。恰白·次旦平措无疑就是一个获得较大成功的人。翻开人类文学艺术史，有的作家、作品像恒星一样，在天空永远悬照，但有的像流星一样，很快便陨落了。恰白·次旦平措的文学作品，不仅几十年来一直光彩夺目地照耀着整个雪域高原，而且今天依然悬照在西藏文坛的上空。

虽然五十多年来研究恰白·次旦平措文学创作的论著不

少，但总体上涉及其诗文创作的成果并不多。故而，本文以恰白诗文创作为切入点，从其诗文创作的内容、形式、语言、写作风格以及社会影响、现实价值等角度，初步探讨其诗文创作的文化内涵、文化贡献、文化认同上的作用和意义。当然，对文学创作内在规律的感悟从来就不是一次便可以完成的，反复咀嚼、思考，不仅是必要的，而且是必须的。恰白·次旦平措也是如此。他的诗文创作可以说完成了除了文学构建之外的思想构建。恰白·次旦平措以自己不懈的努力和人生追求，实现了自己的双重飞跃：一方面，他通过文学创作，使自己成为一个具有人文关怀的人；另一方面，他通过文学创作，将自身的精神带到了更久远的未来，成为滋养读者的精神资源。恰白·次旦平措的诗文创作，清楚地向我们展现了这一点，尽管其价值和意义并不仅仅如此。恰白·次旦平措主张文学的功能在于陶冶人的情感，影响人的灵魂，匡正世道人心；在于使人走向真、善、美。这些未必是他的创新意识，但在特定的时间、地点、环境下，便有了新的意蕴与内涵。恰白·次旦平措的诗文创作之所以备受世人瞩目，除了作品本身的美感以外，主要的应是作品中更丰富更深层的文化内涵，即向世人所传递的独特的藏文化信息："西藏社会上世纪以来尤其是现当代，较之千余年来，是变化最为激烈的时代。发生了许多轰轰烈烈的重大事件。旧的制度、旧的生活方式已经逝去，代之而来的众多新事物或迅疾或缓慢地生长和到来。这一新旧交替、八面来风的时代，各种交流空前繁荣的时期，新时代、新观念、新情感，向人们洞开了新的天地，为当代藏文创作提供了新素材和新内容。”① 就在这样一个特定的历史时期和社会氛围中，恰白·次旦平措探究出了一条创作道路，即以一种充满技巧的敏锐，表达最具时代性和民族性的独特风格，用诗与心灵的叙述艺术，将一个全新的藏民族形象带进文学中。其作品达到了通过独特的民族历史生活，表现人类的共同性文化主题。我们可以看到，在他的作品中，努力发扬藏民族的文化传统，实现了传统与现代的统一。恰白不仅生活阅历丰富，而且多才多艺，并积极参加社会实践活动。因而，其文学价值观是开放的，且始终具有坚定的乐观主义和积极进取精神。所以说，恰白·次旦平措不仅仅是一位作家、学者，还是一位社会实践者。我们只有认真通览其近半个世纪的诗文创作活动和诗文作品，方可对其诗文的价值作出相对客观公正的评价。

一、恰白诗文的文化内涵

独特的地理环境与人文景观在不同作家、诗人笔下各不相同，正所谓“仁者见仁、智者见智”。西藏的自然风光和人文景观与众不同，独具魅力，但最深层次的应该是它独特的文化内涵。正是这种文化的独特魅力，才使得西藏的文学和艺术充满了永恒的魅力。有人称赞恰白的诗文体现了西藏纯正的风味，其实这是指他的诗文具有丰富的西藏文化内涵。

文学，是文化的折射，而文化则成长于它所处的自然地理

① 马丽华：《雪域文化与西藏文学》，湖南教育出版社1998年版，第69～70页。

与人文环境之中。几千年来，西藏人民在这块广袤的土地上创造了灿烂的民族文化，那俯拾皆是的神话传说、民间故事、英雄史诗、歌舞、绘画像一颗颗璀璨的明珠，展现着西藏文学艺术的恢宏博大和丰厚的文化底蕴。西藏独特的地理环境和人文环境及其特定的历史、宗教沿革、悠久的传统文化，使整个西藏文坛尤其是20世纪的西藏文坛呈现出五彩缤纷的景象。

常言说，了解一个民族的最好方式就是读她的文学作品。这是因为，一个民族的文化传统除了官方文化和规范文化之外，还包括流传于民间的不规范的文化，且其主要通过风俗习惯体现出来，深深地植根于人民心中。恰白·次旦平措的诗文恰恰是渗透着这种地域文化的特质，浓缩了演绎在西藏这片广袤土地上的一切文化和文化现象。可以说，地域文化不仅体现在恰白诗文作品的外延上，同时也影响了他诗文的内涵。他不仅用优美的诗文抒发自己的情感、政治观点和立场，而且抒发对整个西藏的情感和意志。他是民族的灵魂，自由的歌者，是点亮人们心头黑暗的火把。恰白·次旦平措在诗文中，不仅挖掘并重现了古老的民风民俗，而且将藏民族在新的历史时期的激情与信念、理想与追求以及与之相应的群体意识，即本民族自己“特殊的容貌”展示给世人。他的一生都在为生活而歌、为真理而歌、为时代而歌，唱出了人民的心声和民族的愿望。恰白·次旦平措熟悉西藏历史，热爱民间文学，他用敏锐的思维及智慧来润饰民间歌谣和民间故事，但无损于它们的思想和力量。他努力发扬藏民族的文化传统，实现了民族性与世界性的统一。这也是藏族文学真正走出雪域高原的前提。

恰白·次旦平措生在旧西藏，那时“纯艺术”的观点在藏族文坛非常流行，他和许多贵族作家一样，也把诗歌当作一种愉快的、有益的消遣。然而，随着西藏社会的历史变迁，随着他对社会生活认识的逐步加深，逐渐改变了诗歌观念。他不再把诗歌仅仅当成个人消闲的爱好，而是把它看成社会生活和人民情绪的放映。正如他在作品中所表现的那样，他是为时代、为新生活而歌的使者。他认为诗人就应该是时代和人民的歌手。

恰白·次旦平措的诗文，在细腻文笔的深处，能让人感受到时代之声、人民之声和民族文化的内涵。即使一些未被人注意的现象，也常常因个人独特的视角而鲜活起来，具有丰富的文化内涵。

二、恰白诗文的文化贡献

恰白的诗文内容几乎囊括了藏族生活的各个方面，几乎深入到人类感情的各个领域。他对前人的传统表现形式驾轻就熟，并给这些形式注入了新的生命；同时，他还探索出不少新的形式，创作出既严谨又灵活，既铿锵有力又缠绵悠长的文学作品。从理论上来讲，当作家冲破传统的样式规范，改造、重建文学样式后，他亦同时改变了自己的题材意识、审美情趣、表现技巧、风格特点以及读者对题材、审美、技巧、风格的期待。这时，新型的文学样式在接受过程中可能会出现两种情况：一是作者所创作的新型作品改变了旧的惯例性期待，很快获得读者的认可，原来的题材意识与期待等就会得以扩展。二是新型的作品开始受到顽强、猛烈的抵抗，经过一段时间之后才得到读者的认可。“新型作品对传统规范的改造越巨大，其与读者的惯例期待相去越远，它所受到的排压和抵制也往往越激烈”[1]。恰白·次旦平措以自己的诗文参与了20世纪50年代西藏社会的历史变迁，他在创作中表现出了人民对祖国的热爱，对新生活的渴望和对未来的憧憬，反映了他们的思想感情变化和历史使命感。所有这些都是他对藏族文学所作的贡献。可以说开创了藏族文学史上的一个新时代。恰白·次旦平措的诗文创作，哺育了一代又一代作家和诗人，至今仍有重要的意义。他的诗作不仅是藏民族而且是祖国文学艺术宝库中的一笔珍贵财富。他用诗文给自己建立了一座非人工的、永远的纪念碑，他那直达心灵深处的诗文，永远印在全民族和当代人民的心里。所以，他的诗文将永远激励热爱祖国、热爱生活、积极向上的人们。

三、恰白诗文的文化认同作用

文学作品的价值关键在于其人文关怀的程度。试图再现特定的情景，真实地展现人生态度、性情，重新找回人类生命价值主体的意义，正是文学作品的价值之所在。在一个国家或民族的历史发展过程中，既会有艰难困苦的岁月，也会有柳暗花明的境界，这就需要由该民族的文学家们去点化和唤醒民众的民族意识，即民族文化的认同作用。

民族的文化认同——是一个国家、一个民族凭藉共同的文化形成的凝聚力，一个人只有皈依于本民族的文化才能建立起归属感、安全感乃至自豪感，才能使自己的人生有意义。对于

① 马丽华：《雪域文化与西藏文学》，湖南教育出版社1998年版，第69～70页。

有着悠久历史的民族来说，只有在社会主义大家庭中，前途才是光明的，恰白·次旦平措的诗文创作就显示了这种与祖国、民族相联系的主题意向，也体现了他诗文的文化认同作用。正如："气候、政体、信仰赋予每个民族一副特殊的容貌，这副容貌在诗歌的镜子中多少有所反映。这里有思想感情的方式，有很多只属于某一民族的风格、迷信和习惯。"① 诗人的声音就是那来自冥冥之中宣判式的点化，诗人为民族为人类创造价值并为人类驱除阴影。诗人仿佛天使般的思想家，用诗歌将人们唤醒，让那久久郁结着的黯淡心情逐渐消失，这就是文化认同。

文化认同，是人作为高级生物的实际需要，是一个民族之所以成为一个民族的根本标志，是民族生存最后的、神圣的防线，说到底它乃是一种实力。没有文化认同，一个民族就不会有前途，也不可能应对危机。而真正的文化认同不是也不应该是对本民族特异性的强调，那样就很容易坠入狭隘的"民族主义"的歧途。真正的文化认同应该是对本民族文化的丰富性及其所达到的人性深度的理解，是对本民族文化成就的深挚热爱，以及对本民族文化前途的信心，其中也不言而喻地包含着对整个人类文化的接受与认同，包含着对其他民族文化的尊重、欣赏与开放心态。恰白·次旦平措的诗文正是这一理论的完美体现，所以他的诗文达到了既是民族的也是世界的这一最高境界。从文化精神上看，他的诗文既注重藏族传统文化中的人文精神，又善于将自己的学术观点用清新、自然、简明的语言表达出来。

---

① 马丽华：《雪域文化与西藏文学》，湖南教育出版社 1998 年版，第 79 ~ 80 页。

恰白·次旦平措始终忠于自己、忠于藏民族、忠于祖国，也忠于人类。他的诗不仅是对民族文化的肯定，而且是对时代、生命和人的肯定。同时，他的诗文又有对时代、对人生、对民族全新的感受、探究和表现。他的诗文中，充满了强烈的理想主义情怀，表现出了对祖国、对民族真挚的爱。当民族面临巨大希望与变革时，我们看到诗人表现出对时代、对民族的深切关怀与体察，当人民需要声音时，我们听到诗人在旷野呼号。从恰白诗文中，我们体验到诗人个体生命的丰满，执著的信仰，特立独行的个性，以及对人间万事万物的多情、容纳与超越。他那强烈的爱国主义情感，勇于探寻真谛的勇气，以及丰富的个人感情，随时都能唤起藏族民众的美感、思索和力量。其诗文的情感、意象和语言永远具有号召力和感染力。其对新生活、新理想的高歌，对祖国、民族、社会责任的呐喊，不仅响彻西藏大地，也响彻中华大地的上空。

恰白·次旦平措是西藏著名的文学家、历史学家和诗人，其诗文创作在西藏文坛上具有特殊的意义。他既属于西藏传统知识分子，又受到现代文明的洗礼，这使得他的诗文创作具有藏族传统诗歌与现代新诗的双重特点。特别是恰白·次旦平措诗文自成体系的审美意象和直抒胸臆的抒情方式，展示了其诗文传统和新质因素结合的风貌。尤其是他实践并强调的藏文化的民族性与时代性的统一，在文化上既要弘扬传统的民族优秀文化，又要创造出新的社会主义文化，为民族复兴、社会和谐提供丰富的文化资源和凝聚力、创造力。我们从恰白·次旦平措的文学创作实践和研究中，可知其丰富的文学思想和学术思想，对于优秀的藏文化的继承和发扬，对于西藏现当代文学，对于西藏各族人民的经济生活，都具有非常重要的意义。

第三节　理　想

恰白·次旦平措既是一个思想型作家，也是一个感觉型作家，特别是在生活感、语言感方面，极具天赋。毋庸置疑，他还是一个能站在时代前列，抓住时代精神、时代感和时代的审美特征的作家。与同时代的作家相比，他无疑对生活气息更为敏感。他是一个入世极深的作家，更是一个深谙世态人情的作家。

一个人思想的形成，受诸多因素的制约，既取决于历史的大手笔、时代的大潮流、人生的大际遇，更取决于个体的实践和经验，而一个人人生目标的确立主要取决于人的价值观。为历史存真，为文学存照，展现现代藏族知识分子的文化人格与心路历程，应该说是恰白一生追求的理想。众所周知，没有目标的文学创作，不但没有动力，而且难以保持文学创作的持久性。恰白·次旦平措正是从对文学的热爱开始，逐步地把人生的价值追求与艺术创作有机地结合在一起，无论身处何境都能不断地进行创作。他超越了自我人生的局限，有着强烈的社会责任感，而这种责任感在新社会、新思维的氛围中，在革命理论的熏染下，往往能够超越具体事实，获得较为深邃的内涵。他将追求艺术和作品的社会意蕴有机地贯通起来，表明他不仅把文学创作看作实现自我人生价值的手段，而且也看作实现社会价值的途径。他通过作品不仅为我们展示了那个激情燃烧的岁月，记载了新西藏第一代年轻人的激越、欢乐与憧憬，而且，使我们从中领略到了与旧文学传统完全不同的新意识、情感、内容和语言行文。马斯洛将人生的需求分作五个层次：生存需求、自卫需求、交往需求、尊重需求与自我实现需求。恰白·次旦平措通过自己的不懈努力与追求，通过人格的自我设计、自我塑造、自我完善，完成了“自我实现”的人生大目标、高境界。

从恰白·次旦平措的文学作品看他的行文、处事、为人，我们不难发现他是一个很有思想的文学家。当然，其中包括他的哲学思想、伦理思想、政治思想、文艺思想以及美学思想等。

恩格斯称赞巴尔扎克是法兰西最伟大的书记员，列宁赞誉列夫·托尔斯泰是俄国的一面镜子，我们认为恰白·次旦平措是西藏近现代史的见证者、参与者和文史大家。

清代诗人赵翼在《诗论》中慨叹：“李杜诗篇万古传，至今已觉不新鲜；江山代有才人出，各领风骚数百年。”感慨长江后浪推前浪，一代旧人换新人的学术发展之路。那么，恰白·次旦平措能否独领“风骚”数百年，只能留给后人评说了。不过，以六十年的文学创作活动，引时代潮流，领文学“风骚”，成为我们这个时代的“才人”，却是不争的事实。恰白·次旦平措丰富的文学作品和学术研究成果表明，他所展现的藏族文化的精华，对现当代的藏族文学以及对丰富中华民族的传统文化都具有非常积极的意义。而由于研究积累的不足，也由于观念和认识上的局限，使我们的“恰白学术思想研究之文艺思想的研究”仍很薄弱。因此，我们的“恰白学术思想研究”，不仅仅是对一个学者的评价问题，更是在广阔的范围内对我国多民族历史、多元文化结构的深层次探索，是一个需要付出长久努力的研究课题。

第三章　走出历史研究的误区

自松赞干布建立吐蕃政权后，西藏历史逐渐进入了以文字记载为主要标志的新阶段。如藏族历史学家们记录了不同程度的反映西藏政治、经济、宗教演变历程的王统记、王臣记、教法源流等典型代表作。但是，对一个民族，最可怕的往往不是没有人记录本民族发展演变的客观历史，而是文明的、人自己的发展历史因宗教信仰者的需求而由神话故事取代。一个社会走向富裕文明的时候，代表的是自己的历史，创造的就是人类共同的文明。但一个社会走向堕落的时候，愿意放弃的是人本身的历史。这种思维的结局是放弃人本身，否定人类社会的发展历史。也就是说人从未创造过自己的历史，人的存在只不过是为了证明神的存在而已。把人的历史认为是神的历史的高原人，经过了千年的历程后，认识到走出历史误区的必要性，其代表性人物是根敦群培和恰白·次旦平措。

第一节 客观公正地对待历史

从祭祀天地日月星辰和山神野怪的神苯、赞苯到雍仲苯教祖师辛饶米沃，已有一套关于宇宙与认识宇宙的理论体系，从象雄文明的继承到吐蕃王朝的兴旺，从古老的碑刻、写本到晚期的传说故事，赤面藏人的文明史在青藏高原的独特孕育环境中演变得曲折浪漫而又扑朔迷离。吐蕃王朝的崩溃更使写实的宫廷文献荡然无存，悉达多王子的宗教观在雪域高原上再次得以复兴，从此佛教引导的藏族文明，在神学的桎梏下统治藏族史坛近千年之久。直到20世纪以根敦群培、东噶·洛桑赤列、恰白·次旦平措等人代表的人文主义史学家的出现，终于驱散迷雾，把历史的真面貌逐渐展现在世人面前，使藏族人能够比较客观地看待自己的历史。

根敦群培是20世纪藏族人文主义史学的先驱，而继承其人文主义思想的恰白·次旦平措是一位卓越的藏族史学家，他的研究成果承上启下、继往开来，反映了当代藏族史学进一步发展的趋势。一般地说，历史本身就是一种文化现象。要对藏族文化作出全面深刻的了解与反思，就得借助藏族史学这把钥匙。从11世纪到20世纪初，在近千年的岁月里，藏学研究者们记录、研究、整理、撰写了许多有关藏族历史的文献典籍。但是，如果用今天的眼光去看待这些史料文献，就会发现许多遗憾与不足：对于藏族历史没有形成一个自始至终比较全面完整的叙述与记载；三大部落联盟（象雄、苏毗和悉补野）时代的藏族古代史和藏族远古史的模糊与空白；达玛赞普阻止佛教的发展而遇刺后，数百年的历史只详述佛法源流而无世俗政治、社会历史方面的系统、确切的记载；侧重历史的概述性、历史观点的重复性，而模糊许多重要的问题，如历史人物的年代考证散乱无序，基于传奇、说法颇多；多数史书总是承袭旧式写法，渲染深奥的宗教思想与神话故事，大量使用异名藻词，如果不全面、广泛地掌握藏语言文字方面的知识，不要说研究和理解，就是阅读也十分困难。

当然，对此，我们不应以今天的史学规范苛求、责怪我们的先人，而应用历史分析方法，以具体的时间和地点为转移，考察和判断前辈学者们研究和记录藏族历史进程的社会大背景。首先，随着吐蕃王朝的形成、发展与终结，以佛苯斗争为主题的激烈的宗派思想与政治斗争，导致许多文物典籍破损散佚。据卫巴洛色的《巴协》（也称《佛教前弘期和后弘期概述》）中记载：第二代赞普穆赤时青藏高原上就已有文字，并且有了苯教文献。随着佛教在雪域高原的广泛传播，致“使佛法与苯法辩论，以苯教理趣浅陋，遂将苯法或藏于扎玛等处或投掷于河中”①。虽然仍或多或少地存在一些苯教文献，但此后，绝大多数研究历史者是佛教徒，自然对苯教文献或弃之不用或漠然视之。因此“拉托托日年赞以上吐蕃王统有二十七代，约五百年，但无与佛法为缘之王，故其传多无详记”②。到了公元842年，达玛赞普信仰的变革及吐蕃经济发展滞后，上层人物不成熟的改革措施及吐蕃民众对佛教的依赖，尤其是阻止佛教发展等的缘故，直接成了吐蕃政权崩溃的导火线，酿

① 萨迦·索朗坚赞：《西藏王统记》，民族出版社1993年版，第203页。
② 萨迦·索朗坚赞：《西藏王统记》，民族出版社1993年版，第62页。

成吐蕃王朝四分五裂，连绵不绝的战火持续了一个多世纪，许多珍贵的历史文献遭到毁灭性破坏。如，在公元877年的民变大起义中，曾发生掘陵事件，大肆毁坏吐蕃赞普陵墓，墓内的文物典籍被洗劫一空。

其次，佛教的大发展所产生的负面作用，即严重的思想禁锢束缚了藏族对自己真实历史的认识。自从佛教传入青藏高原后，在与本土文化的冲突与融合中逐渐成为占据统治地位的意识形态，深刻地影响了藏民族社会生活的各个方面，尤其在文化方面打上了极深的宗教烙印。随便浏览一下11世纪以来的任何一本历史文书，就会发现当时一切大小事宜皆围绕着宗教事务转，如果只记录世俗政治而不谈宗教，这种历史在当时似乎没有什么存在的价值。强齐端巴西饶本所著《王统如意树史》是一本专门记载吐蕃时期历史的珍贵图书，14世纪时《西藏王统记》的作者索南坚赞就曾阅览过此书，可是后来竟失传了，原因就是该书未叙述与佛教有关的事情，佛学史学家们认为意义不大，故不被重视而散失了。又如在19世纪方被发现的《敦煌古藏文历史文书》这样珍贵的历史文献，也是因为没有渲染宗教，只叙平淡的历史、平凡的人，就遭到忽视，无人保存，所以不是在西藏而是在敦煌出土。

分裂割据时期的史学风格仍然如此。如《德吴宗教源流》虽是一部世俗与宗教并述的佳作，许多史料弥足珍贵。但是，仍遭长期禁锢，险些失传，原因在于它直叙某些历史人物事件，如把第一代吐蕃赞普聂赤赞普记述为出生在西藏林芝波密的一个平凡的人，一个被迫出走的不甘忍受欺凌的人。

不过，吐蕃王朝时期人们并未完全受佛教观的影响而看待历史、记述历史。当时也曾经将促进生活和生产进步的人物视作贤良智者记录，如：敦煌吐蕃历史文书的“吐蕃七良臣”就是一个有力的证据。只是佛教经历了后弘期的发展，已深入藏族伦理道德观念中，从而对历史的评价也就失去了吐蕃时代的质朴风貌，再也见不到七良臣之类的现实开拓性人物的传记，取而代之的是到处充溢着对神奇佛法与高僧大德的赞誉，重点记述的是宣扬佛教的人物，在叙述吐蕃时期历史时突出强调前弘期法王祖孙三人。似乎“若不说为佛法，西藏的贤愚人等就很难置信”①，为了宣扬佛法，就说“藏族起源于印度。吐蕃王朝的第一位赞普来自印度，一时到了真理向谬误让道的地步”②。《新红史》作者索南扎巴针对牟尼赞普“三次均分财富事件”，曾批评说：牟尼赞普在位仅一年零七个月，就三次均分财富，而贫者仍贫，富者仍富，哪能分化得如此之快。为了维护教义，五世达赖喇嘛批驳他是胡言乱语。因为正统的佛教徒，总是想尽力维护其一切都是有业缘安排的说法。此外，著史者的宗教偏见与歧视也是我们不容忽视的因素。大多数史书的作者均为佛教高僧大德，往往忽视崇苯王统等苯教方面的历史，即使佛教内部派系间也存有偏见，如，《西藏王臣记》中对于噶玛噶举派人建立的存在二十年之久的藏巴汗政权，仅仅象征性地一笔带过，即使对于噶玛噶举派活佛巴沃·祖拉陈瓦所著具有重要参考价值的史书，也给予了严厉的驳斥。苯教学者们往往单纯地热衷于描述苯教世家们的文化传承，很少涉及藏族历史的其他方面。可见，藏族传统的治史情怀总是侧重

① 恰白·次旦平措：《藏族文化史上的偏见辨析》，《西藏研究》（藏文版）1990年第1期。

② 恰白·次旦平措：《藏族文化史上的偏见辨析》，《西藏研究》（藏文版）1990年第1期。

于宗教宣扬而轻于世俗政治之叙述。藏史也就成了以佛教在西藏的产生、发展、衰落、复兴的演变历程，并以此划其阶段，似乎藏族本身在历史长河中与宗教融为一体了。日本藏学家佐藤长曾说："有关西藏历史的藏文文献并不少，但其史料价值是有疑问的，特别是这些藏文文献对藏族古代史具有明显的倾向性"①，就指出了涉及藏史的藏文文献中的宗教偏见。

不管存在着多少缺憾，这些藏文文献是藏族文化积淀的结果，与青藏高原独特的自然风貌、人文景观、民俗风情具有不可分割的内在联系。因此，其仍是研究藏族历史的最基本的文献，具有无可替代的价值，我们只有依靠这些最基本的藏文文献才能将藏族史学推向一个更高的层次。一般来说，历史学家也会受到时代和自己主观意识的局限，陷入进退维谷的窘境。闪烁着近代人文主义思想光辉的根敦群培（1903～1951）已经萌发了藏族思想史上自觉的朴素唯物主义观点，承袭其治学风范的东噶·洛桑赤列（1927～1997）进一步拓宽了这条人文主义的学术道路，而恰白·次旦平措上承根敦群培经世致用的人文主义思想，下启马克思主义实事求是的治学态度，成为藏族史学思想史上的一座丰碑，是藏族史学革命的先驱者。

第二节　对聂赤赞普的种种说法

研究藏族古代史，就得首先解决吐蕃赞普世系王名及其年

---

① ［日］佐藤长著，姜镇庆译：《西藏古代史研究》，载《国外藏学研究译文集》第一辑，西藏人民出版社1985年版。

代学上的问题。聂赤赞普作为统一青藏高原羌戎各部的悉补野部落联盟的开国之君，关于他的生平记述与年代学、地理学方面的判定，是判断吐蕃王朝与吐蕃王朝史开端世系的关键，事关藏族传统史学观的发展与变化。恰白·次旦平措在尊重传统藏族史学对聂赤赞普说法的基础上，尽力防止任何将我们引向错误、片面地理解客观历史的可能性，并进一步对聂赤赞普作出了自己独到的评析与判断。

一、苯教史观的聂赤赞普说

在建立统一的吐蕃王朝之前，是青藏高原上的赭面食肉藏人的部落联盟时代，那时属于前佛教期。当时藏族的人文史观是在口叙史事、谜语和苯教的氛围中孕育而成的。[①] 如同藏族古老的谚语："江河之源在雪山，祖先之源在天界"一样，当出身于藏族远古姓氏恰氏族的悉补野王族奠定了青藏高原各氏族部落的共主地位后，佛教前弘期吐蕃王朝宫廷中的苯教大祭司们为宣扬吐蕃赞普血统的神性光芒，就非常自然地将悉补野部落联盟的第一代赞普与恰氏族的天神联系在一起。于是，悉补野部落联盟的第一位赞普自天界下凡的故事在民间广为传播，甚至曾有几种传说[②]，最后如同《诗经·商颂·玄鸟》所说"天命玄鸟，降而生商"一样，身兼史官身份的御前巫师们创造出"天命恰神·雅拉达珠之子下凡到姜拓神山，成为雅隆河谷六牦牛部落联盟之共主"的说法，就成为吐蕃王廷

① 才让东珠：《苯法·仲·第吾与藏族社会发展历史的演变》，甘肃民族出版社 2008 年版。

② 敦煌古藏文写卷记载有四种传说。

郑重公开地对外宣扬的官方正统的说法。赤德松赞（798～815）时期，专门颁赐给工布王的第穆摩崖石刻诰文①，公元823年（大蕃彝泰九年，大唐长庆三年）吐蕃赞普赤祖德赞（802～841年）在拉萨大昭寺门前所立唐蕃会盟碑，吐蕃赞普世系②等似乎使此说成了不可更改的铁证。

二、苯佛融合前的聂赤赞普说

来源于吐蕃官方史书文档遗存，后在分裂时代初期（公元10或11世纪）编纂成书的《五史鉴》，曾对吐蕃王统的历史做了一番史学意义上的系统整理。目前我们虽在《巴协》、《娘热教法源流》、《德吴宗教源流》等几部早期史料引文之外未发现《五史鉴》的母本原文，但它“无疑是敦煌吐蕃历史文书之后最初的藏文古代历史文献”③。五部史册的第一部《苯文神离册》和赞普父系臣民所撰第二部《红铜缺尾册》，都以来自天界的圣神赞普的神系血统结合苯教宇宙观进行叙述，并断代为上古神话时期，潜移默化地将自然崇拜与祖先崇拜融合成某一特定区域与特定部落联盟的联结纽带。统一的吐蕃王朝时期，赞普王廷的苯教大祭司们为叙述吐蕃圣神赞普的起源，精心编制了有关悉补野部落联盟的第一代首领即吐蕃赞普始祖“聂赤赞普”的出身故事，成为吐蕃王廷郑重公开地

---

① 恰白·次旦平措：《工布第穆之摩崖石刻文》，《西藏研究》（藏文版）1985年第2期。

② 王尧、陈践译注：《敦煌本吐蕃历史文书》（赞普世系），民族出版社1992年版，第68页。

③ 卡尔梅·桑丹坚参：《〈五史鉴〉披露的第一位藏王出身的神话》，《卡尔梅·桑丹坚参选集》，中国藏学出版社2007年版。

对外宣扬的官方正统说法。藏族苯教文明中人格化的自然崇拜与天神无限荣耀的光芒，赫然出现在吐蕃王朝末期的公元823年所立的唐蕃会盟碑文中，如所刻写的“大蕃圣神赞普”① 即是证明。第三部《九重联脊册》是以赞普出生何处为一、父王是谁为二、执政多少年为三、娶妃何人为四、生子多少为五、大臣何人为六、有何功绩为七、享寿多少为八、薨逝于何地为九，因示赞普生平的九个方面，故此典册被称为九重联脊册。第四部《凌乱蓝首册》则是各种历史杂事的汇集。第五部《封印秘密册》可能是宫廷内档和民间传说中对非正常死亡的吐蕃赞普的记录。

《五史鉴》在藏族史学上具有非常重要的意义，一是继承并保存了吐蕃时代神权历史观；二是以上部神话时期、中部兴盛时期、下部分裂时期三阶段划分法，试图对前吐蕃期、吐蕃时期和后吐蕃时期的历史进行某种断代意义上的整理，继承且保存了苯教史观试图建立的断代学方法。遗憾的是，后来没有得到权威意义上的公众认可，在吐蕃时期与后吐蕃时期强大的佛教运动中，苯教徒们凭借某种宗教革新达到文化一体化的企图渐渐地屈从或湮没在佛教史观的文化氛围中。

在德氏所著详略两本《德吴宗教源流》② 中保留了关于吐蕃第一代赞普出身的三种说法，是目前我们能见到的唯一一部最为翔实地综合介绍聂赤赞普出身来历的藏文古籍文献。

---

① 卡尔梅·桑丹坚参《〈五史鉴〉披露的第一位藏王出身的神话》，《卡尔梅·桑丹坚参选集》，中国藏学出版社2007年版。

② 恰白·次旦平措推测是12世纪噶当派高僧觉本（1123～1175）所著；卡尔梅·桑木丹根据该书末尾的佛历纪年，认为成书于1261年，著者是克什米尔高僧释迦巴热的某位噶当派弟子。

一是来自西藏波密的民间英雄说。出生在西藏波沃地方的勇士“乌贝热”被当地豪强和苯教巫师利用的仪轨驱逐出境，随后辗转来到了雅隆河谷，被正在寻访部落联盟共主的苯教祭司们拥为首领。但是，此说太过平凡，甚至被认为是对赞普神圣血统的一种亵渎而禁止在民间流传。[①]

二是苯教天神之子的圣神赞普说。该说根据《五史鉴》和据说是库敦·尊追雍仲所著的《大史》中的相关记载。

三是佛教史观的印度王子说。释迦王族名战胜者最小的儿子茹巴杰逃亡雪山后，成为聂赤赞普的说法。该说虽为佛教史观的说法，但当时尚未占主导地位。

三、佛教史观的聂赤赞普说

在 11 世纪之前的藏文文献中，未曾发现将聂赤赞普的出身归于印度王子的记载，11 世纪中叶的伏藏史书《松赞干布遗集》和其后的《玛尼遗教集》最早提出了印度王子说，但那是在一个文明行将解体的历史阶段适时产生的，并开启了一个自圆其说的佛教哲学家的偶像化时代。

自从赤松德赞赞普时代曾经明令规定的正统佛法（见以龙树《中观》思想、行以《六波罗蜜》为主）失去了王权的保护，到公元841 年吐蕃末代赞普达玛（815 ~843）废弃了王室家族二百年来扶持佛教的历史定制，展开了禁佛运动，导致雪域高原的史学史上出现了宗教横向发展、经济发展停滞不前、政局动荡、文化思维走向混乱的局面。寺庙关闭、僧人逃

① 德吴：《德吴宗教源流》，西藏人民出版社 1987 年版，第 238 页。

散，直到鲁梅·崔成西饶于949年在拉萨河上游创建拉姆觉神庙和收徒授戒，标志着佛教在卫藏地区再次复兴。东噶·洛桑赤列对该问题另辟蹊径，进行了独特的年代学考证，且对《西藏简明通史——松石宝串》中涉及的年代学上的问题提出了不同意见。① 噶当派纳塘寺的高僧扎巴美朗罗追在1283年所著的《奈巴班智达教法史——古谭花鬘》中，认为鲁梅大师返回西藏后传教的第一个据点是叶巴山（寺）。也有多部史书以918年鲁梅等人前往桑耶寺收徒授戒为后弘期之兴起的标志。

英国著名史学家阿诺德·汤因比曾说："当个人被当作一个历史成就的始作俑者而被记载下来时才构成一个决定性的新开端。"② 高度评价了个人在历史发展中的重要作用。阿里三围之古格地区的首领赤贝德松艾出家后法名拉喇嘛·益西沃，一直致力于恢复吐蕃先祖赞普时代的正统佛法，试图以佛教哲学陶冶、完善其政治建树。其孙子拉喇嘛·强求沃继承其遗愿，于1037年特派遣纳措译师·崔成杰瓦（1011～1062）携带大量黄金前往印度迎请阿底峡大师。1040年末，年届59岁的阿底峡从印度启程到尼泊尔居住了一年。1042年，前往阿里下榻于古格托林寺，答疑著书，尤其是其所著《菩提道灯论》（1044）在当时和后弘期成为藏传佛教领域的唯一依据。1044年，身在阿里普兰的阿底峡打算返回印度时，康丹玛地区的色尊·熏努旺秋大师门下"库俄仲三杰"之仲敦巴·杰

---

① 《对于后弘期纪年的考证》，《东噶·洛桑赤列文集》，民族出版社2004年版。

② 〔英〕阿诺德·汤因比：《一个历史学家的宗教观》，晏可佳、张龙华译，四川人民出版社1998年版，第72页。

瓦迥乃（1004～1064）特意前来拜会阿底峡大师，极力祈求并促成大师前往卫地传法。于是，阿底峡前往桑耶寺、唐波且寺、拉萨等地朝圣。随后，藏传佛教后弘期的弘法大师鲁梅·西饶崔成的首席大弟子、四柱八梁中四柱之一的俄·强求迥乃将其迎接到叶巴山静修地的巴让神庙传教授徒，嘎瓦·释迦旺秋[①]又将其迎接到澎波林周地方的兰巴庙，后来庞敦·曲吉坚赞（纪年不详）又将其迎接到聂塘居住了整整 8 年。1054 年，阿底峡大师在聂塘圆寂，享年 73 岁。

从印度启程时，超戒寺的住持仁纳阿嘎热只允阿底峡在藏地逗留三年，甚至让纳措大译师发誓保证。故来到阿里三年期满后，阿底峡意欲返回印度，却因尼泊尔发生内乱而受阻，仲敦巴借此促其前往卫地。在羊卓雍湖畔，出身于吐蕃军旅豪门世家的俄氏家族和当时掌握拉萨大小昭寺权力的俄·勒贝西饶将阿底峡大师迎接到大昭寺参拜朝佛。极欲了解大昭寺由来的阿底峡在一名疯婆子的指引下，于 1049 年从大昭寺宝瓶大柱子（也有取自“顶上”或“中间”之说）附近挖掘到三卷文书，即记载松赞干布臣子业绩之《饮光明月》、王妃业绩之《圣洁素绢》以及松赞干布本人的《柱间遗教》，阅览后将母本依原样放回。其中，松赞干布本人的传记《柱间遗教》用金字书写在蓝色绸缎上。阿底峡当场命令南交瓦·阿弥·强求仁青（1015～1078）等四名当时具有“敦巴”（教导大师）名号的弟子转抄在纸张上，据说因条件有限使用了相当劣质的笔墨，造成原始抄本字迹模糊不清。此书后来在噶当派高僧的宣

---

① 嘎瓦·释迦旺秋系后弘期卫藏十二人中创建兰巴神庙之巴尊·罗追旺秋的亲传弟子，1244 年，仲敦巴·杰瓦迥乃为迎请阿底峡特意寄给卫藏地区各酋豪大德的那封著名书信，就是直接寄给他并由他转交或通知其他头面人物的。

扬下成为名闻天下的松赞干布《柱间遗教》即《柱间遗教》。

噶当派的史学家们，深知吐蕃赞普们的弘法业绩与残存的光荣依然会推动信徒的宗教热情，不会因割据势力的臣民们以区域社团利益的名义所粗制滥造的崇拜而遭藐视。因为一种没有转变为宗教的哲学很可能会因种种理由而被证明是无效的。

遂假托为松赞干布遗训的《柱间遗教》，首先在王统理论上提出了所谓“天命说”、“世系法王说”、“突然说”构架。其次，稍显粗糙地将苯教天降神子之说强行嫁接到佛教光环中的印度释迦王族的血统中。如神子下凡但却是印度王族，下凡的地点姜拓神山，带蹼的手指等。敦煌文书时代与晚期传说保持着一定程度的延续性与变异性，这就是所谓佛苯融合期。

自从《柱间遗教》中将聂赤赞普定位为印度王子后，究竟出自印度哪个王统也出现了好几种说法。究竟是来自史诗《摩诃巴热达》还是佛祖在世时摩揭陀国的频沙罗王？

宁玛派伏藏大师娘热·尼玛沃色（1124～1192）在其所著《娘氏教法源流》中，以非常质朴的文笔记述了许多吐蕃时期的珍贵史料，但后世著史者似乎很少引用或故意保持沉默。因此，像《德吴宗教源流》这样的史料文献，其母本几乎成了孤寂绝本，对其作者也无从考证。

13世纪成书的历史文献，流传下来的更是不多。这些史料在聂赤赞普出生于印度说上，虽然继承了《柱间遗教》与《玛尼全集》的判定，但并不坚决肯定，也保留了其他大致吻合或某种程度上变异的说法，从而得以与佛门之说并行不悖。娘热·尼玛沃色虽然考证了吐蕃第一位赞普出身于印度王族的几种假设，但还是在考证起源于古印度王族的认知范畴之内考虑这一年代学上的问题的。

四、苯佛融合说的典型

13 世纪后，引进了雕版印刷术，大规模地刊印佛经译本等，进一步推动了藏传佛教哲学的发展。此时，已经出现了有关悉补野部落联盟的第一代赞普来自印度王族的各种版本传说，本以神话传说为基础的印度王统世系，附加历史和传说中的某些相似性，推动和促进了吐蕃赞普弘扬佛法的传统。这就使得佛教史家在现实世界及无限、无边的时空观念中，得以发挥天马行空的超凡想象力，在将各种神奇、神话混淆在一起的基础上，弘扬佛法的历史存在，磨灭了历史人物的个性差异。世俗领袖在从建立统一政权、衰落到对现实混乱的存在无能为力之后，世俗领袖转而苦心孤诣地借助佛法意图还原先祖的光荣世界，重返吐蕃文明的价值中。

各教派的高僧大德们根据佛经中记载的某些授记文字，断章取义。如：《文殊室利根本续》就曾是众多史家经常引用的一部疑伪经。聂赤赞普的命运以惠及众生利益的名义而被杜撰和传播，并通过噶当教徒广泛强力的建寺传法行动普及推广。当然，其中也包括其他教派的自愿或被迫的宣扬。曾被苯教徒史学家认可的吐蕃王朝的政治价值一度遭到轻视，而获得了新的宗教认可，使普通的藏族人的想象和情感被无形中支配于既虔诚又色彩斑斓的佛法世界中。印度人似乎不屑于著述历史，而藏族佛教史家们则试图努力地抹掉吐蕃人对其先祖们的真实记忆与记载。

五、恰白·次旦平措对聂赤赞普的定位

从纷繁的神话现象和凌乱的历史素材中，发现真实的人的行为。恰白·次旦平措在对早期藏文史料进行深入研究的基础上，对聂赤赞普本是蕃人的分析与定位，充满了人文主义色彩。他在1986年《西藏研究》第4期上，发表了《聂赤赞普本是蕃人》一文，其结论中写道："以上对悉补野赞普世系起源方面的四种根本对立的说法进行了分析、评判，其结论是：吐蕃王聂赤赞普既非天神下凡，亦非外域外族迁来之人，而是雪域波沃地方的吐蕃人。不言而喻，人们的知识水平是随着社会的发展而不断提高的，对于情况（历史及所发生的事情）的认识也是不断深化的，过去如此，现在如此，将来亦如此。"

关于聂赤赞普的来历，"天神降主人世"的神话左右了一千多年来西藏地区的社会意识。当人们的历史观念、研究方法，尤其对历史的认知思维极大地提高了以后，就自然不再相信这种说法了，终于弄清了这一问题的来龙去脉。16世纪的史学家巴沃·祖拉陈瓦一针见血地说："虽言苯教将此情公之于众，但虔信命运与上苍者乃是愚人，彼等仅是为迎合古时蕃人心理而已。"指出天神说产生的根本原因在于人们对虚无缥缈的事物的喜爱和笃信。可以说，他的论述抓住了事物的本质。当今，世界处于科学技术飞速发展的时代，人们对事物的认识能力不断提高，与事实背道而驰的历史观点自然而然就混不下去了。因此，恰白不拘于个人信仰与好恶，避开传统影响的羁绊，考诸史实，实事求是，撰写了这篇极具说服力的论

文。但是，他仍在文中谦虚地说："奈本人既非生而知之，亦未能学而知之，科学地研究历史的能力尤感不足，拙文之中挂一漏万，错谬贻误在所难免，敬祈方家诸贤赐教斧正。"① 虽然有学者认为把聂赤赞普考证为一名来自西藏波密地区的平凡勇士，并没有令人信服的证据，但是，恰白通过对五部史册的第一部《苯文神离册》与第二部《红铜缺尾册》的天降神子之说中有关聂赤赞普前往雅隆河谷的"二十七行图"② 的历史地名考察，已在透过远古神话，探寻聂赤赞普活动的足迹和藏族祖先迁徙的路线，这种古代神话传说中反映出人类祖先活动的事例比比皆是，所以，虽有神话传说的色彩但某种程度上反映了部分历史的真实。

对于雅隆河谷部落联盟的第一代共主鹘提悉补野，恰白在《西藏简明通史》中，进一步做了具体详细的分析。该书悉补野王统世系篇的第一节就是聂赤赞普的生平事迹。他首先列举了关于悉补野王统第一代赞布聂赤赞普出身的四种说法：1. 天神下凡为人主说；2. 来自印度王族说；3. 来自东方的樊尼说；4. 聂赤赞普为藏人说。通过他翔实的论证，得出的结论是："在上述四种不同的观点中，我们认为只有后一种观点比较符合历史实际"，"总之，聂赤赞普既不是天神下凡，也非精灵太郎的后裔，更不是来自印度的人或汉地的人，而是吐蕃本地人"③，这就是著名的"聂赤赞普本是蕃人说"。

---

① 卡尔梅·桑丹坚参：《〈五史鉴〉披露的第一位藏王出身的神话》，《卡尔梅·桑丹坚参选集》，中国藏学出版社 2007 年版。

② 德吴：《德吴宗教源流》，西藏人民出版社 1987 年版，第 235 ~238 页。

③ 恰白·次旦平措、诺章·吴坚、平措次仁等著，陈庆英、格桑益西、何宗英、许得存汉译：《西藏简明通史——松石宝串》，西藏藏文古籍出版社 2004 年版，第 22 页。

第三节　对大昭寺历史的考究

我们虽不能简单地认为宗教肯定奇迹而理性否定奇迹，但是，“神秘主义者的一个总的特征却是他们的滔滔雄辩”①。藏传佛教灵魂的聚焦点，高原人的政治、经济、文化中心的发源地大昭寺在藏族群众心目中具有神圣的地位，而且是那种出于神秘责任的动机而坚决服从佛教道德戒律的神圣意志。如何剔除其中虚无缥缈的神秘主义因素，摆脱在庄严崇拜中容易被迷醉的思想，让心灵回到世俗的、非宗教的日常状态，从而还原广大劳动人民的勤劳智慧，是恰白·次旦平措史学观的重大突破。

一、神学史观对大昭寺的描写

宗教团体不顾历史事实，急于将松赞干布美化为具有超凡力量的神，为此从阿底峡处把对观世音的崇奉宣传巧妙地嫁接在松赞干布身上，糅合民间传说，多为照抄后世传说和人为杜撰后而重新改编的故事。首先，让我们看一看强加在松赞干布身上的神话历史：

（一）松赞干布是观世音菩萨的化身

印度佛教从无我达到自我解放的小乘派系发展到大乘佛教

---

① ［德］鲁道夫·奥托：《论神圣》，成穷、周邦宪译，四川人民出版社1995年版，第3页。

无我还要利众的救世精神，早就将佛陀释迦牟尼的八大弟子之观世音菩萨塑造成了一个完全人格化的救世神。自佛教传入青藏高原后，藏传佛教的信徒们尤其不想把救世神嫁接到西藏，特别是吐蕃王朝终结后，新教徒们的观念陷入了悲痛反省中，在思念统一和平的历史回忆中，雪域高原后弘期佛法重生的浪潮将吐蕃君王松赞干布打造成集强权与慈爱于一身的神——观世音菩萨。为此不惜落下“再世化神”赞普的贬称。

（二）被神话掩盖下的绿度母和白度母

在普通藏族民众的心中，除了从不可思议的、神秘的、超越时空的宗教产生敬畏感与朦胧的、虔心的庄严崇拜之外，真正对历史人物的回忆与颂扬寥若晨星。但是，文成公主的故事却传遍雪域高原的所有角落。唐贞观十五年（641），文成公主在吐蕃贤臣噶尔·东赞的迎接与唐礼部尚书江夏王李道宗的持节护送下来到了吐蕃，开辟了藏汉文明的交流与融合。松赞干布“慕中国衣服、仪卫之美”，“遣子弟入国学，受诗、书”[①]。公元823年，“大唐文武孝德皇帝穆宗与大蕃圣神赞普赤祖德赞舅甥二主，商议社稷如一，结立大和盟约，永无沦替，神人俱以证知，世世代代使其称赞，是以盟文节目题之于碑”，即在大昭寺前立下了“长庆会盟碑”。碑文中写道：“东有大唐，幅员辽阔，凡东方大海日出之地统归其所有，文明之盛非其他邦国所能相比”[②]。在盛唐文明的深远影响与松赞干布神性光芒的笼罩下，相传文成公主带来的佛祖释迦牟尼的铜像在藏人心目中成为至高无上的精神膜拜对象。犹如大昭寺菩

① 苏晋仁：《通鉴吐蕃史料》，西藏人民出版社1982年版，第6页。
② 陈践注释：《吐蕃碑刻钟铭选》，民族出版社1984年版。

提转经道上的转经人群，在虔信或茫然的某种神秘的潜力推动之下，这种潜力是来自极为淳朴的感恩世界，但其表现力被更高级的宗教唯心主义意识形态所控制、所超越、所取代。刚好两位公主的故乡在当时也是佛法盛行，观世音悲怜有情世界滴落的两颗泪珠转化的白绿两位度母，也顺其自然地成为汉地文成公主与尼泊尔赤尊公主。

（三）大昭寺的创建与神像的由来

两位出身显贵且聪慧贤仁的女子，因特殊的政治联姻，从官方渠道正式开启了高原游牧文化与印度系宗教文化、大唐盛世文明（中原农耕文明）的交流之门。尤其是两位公主亲自参与的大小昭寺的创建，为吐蕃赞普的驻地拉萨成为佛教圣地，为思想上倡导观世音菩萨的无限慈悲精神，铺开了一条心灵的圣路。似乎普通的说教很难感动一般人的心灵，但一种全心全意的无限的爱、慈悲的冲动，就会嬗变为一种超越的力量。在佛祖、观世音菩萨、度母的神迹宣扬中，普通群众变得卑微渺小，甚至完全消失在佛教思想的神秘光环中。于是，从不可能是松赞干布遗著的《柱间遗教》、《玛尼遗教集》，到布顿大师（1290～1364）于1321年所著《布顿佛教史》，完成了令真正探究大昭寺史实的人们在扑朔迷离中感到疑惑不解的诸多困难的神话创造。大昭寺殿堂的神祇们的寂静或愤怒的奇异特征，标示着对人性不同的调伏方法。

1448年，桂译师·熏努贝（1392～1481）著成了《青史》，叙述了藏传佛教的来龙去脉；尤其整理详述了前后弘期的藏传佛教宗派传承及寺院高僧大德的历史，堪称一部完整的西藏佛教史。尤其在历史人物的年代记录上根据干支法比以往任何史书都准确详细，备受藏族学者的青睐。该书虽舍弃了有关大昭寺繁琐的神话故事，但又特别强调了藏译伪经《文殊室利根本续》中对吐蕃历代赞普的预言授记。①

1748 年，闻名蒙藏地区的学者青海佑宁寺松巴·益西班觉（1704～1788，贵德县松石村人），采用蒙古文文献等一些新的史料撰写成《如意宝树史》②，记述了固始汗及其以后的历史，对西藏佛教史的叙述也很详细，堪称藏族史学名著。其中，著名的“方格年表”汇总了大量史料，叙述了 1027～1746 年间的佛教史实与其他重大历史事件，纠正了许多年代不清等方面的错误。1786 年，他又著成《青海历史梵曲新音》，记述了 1570～1786 年间和硕特部固始汗率部迁入青海前后的青海历史。可以说，以重大历史事件、知名人物以及该地区的物产风貌为中心，以藏传佛教为纽带，凸显出恢复元朝时期的一种蒙藏精神文化与政治联合的理念。

宗教精神似乎以不可抗拒性的主观反映进入藏族群众纯洁质朴的心性与意识中，固定了对宗教的谦卑感受，甚至走向取消自我的宗教绝对依赖。多少藏族传统的有识之士因他们的知识具有某种不可克服的局限，当面对宗教神秘主义不可逾越的鸿沟时，唯有退缩到似是而非、无可奈何的窘境中。

围绕着大昭寺的创建历史，藏族群众创造神话的能力得到了空前的发挥。号称高原第一尊佛像的“十一面千手千眼观世音菩萨天成五位一体像”，大昭寺第一尊主供佛像不动如来（我不走佛），大小昭寺所供释迦牟尼 8 岁时塑像与 12 岁时塑像，布达拉宫的镇宫之宝檀香木世间自在观音像的神话传说，

① 桂译师·熏努贝：《青史》，四川人民出版社 1984 年版。

② 其汉文译本由蒲文成、才让译，甘肃民族出版社 1994 年版；1908 年，印度人达斯将该书译成英文。

在 11 世纪随着西藏佛法的复兴，使得传统复古主义（吐蕃赞普后裔为主）与印地佛教供养、礼拜方式的结合，在以大昭寺为中心的卫藏地区开始盛行起来。

二、宗喀巴大师与大昭寺

宗喀巴·罗桑扎巴 36 岁时，携其八大弟子来到沃卡曲隆静地密修，得到帕竹政权属下沃卡达孜宗本扎西坚参的供奉，修复了缯其寺，亲自为寺内主尊弥勒佛像开光，被称为大师四大业绩之一。

1409 年，召开祈愿大法会期间修缮了大昭寺，给释迦牟尼佛献上纯金打制并镶嵌各种宝石的五方佛冠。另外，给十一面观音像和小昭寺的释尊像献上了银制佛冠。不过，他将大昭寺释尊像易容即献上金佛冠转为报身一事，曾引起过其他教派中人的非议。[①] 同年，亲自选址后委派首席弟子达玛仁青和扎巴坚赞主持创建了格鲁派第一座根本道场——甘丹寺；1416 年，宗喀巴的弟子绛央确吉·扎西班丹兴建了哲蚌寺；1419 年，另一弟子大慈法王释迦益西修建了色拉寺，三大寺的修建使格鲁派在拉萨地区扎下了牢固的根基。其后，宗喀巴的高徒们在各藏区建寺收徒，使格鲁派像雨后春笋般迅速发展壮大。

纵观藏族后弘期佛教历史文化的发展，在某个特殊历史时期都举行过一次重要的法会。第一次是 1076 年古格王孜德主持召开的火龙年大法会。第二次是八思巴·罗追坚赞

① 克珠杰·格勒贝桑：《宗喀巴小传》，青海民族出版社 1982 年版，第 22 页。

（1235～1280）于 1277 年主持召开的曲米大法会，与会僧人 7 万多名，并为42.5万僧俗授戒。第三次是 1409 年宗喀巴·罗桑扎巴在大昭寺主持召开的传召大法会。那么，为什么宗喀巴将法会的召开地点选在大昭寺？客观原因是如此大规模的法会得到了当时西藏地方政权帕竹王朝第五任执政官阐化王扎巴坚赞（1374～1432）及其属下一些地方官员的支持。如当时掌控大昭寺的内邬宗宗本南喀桑布就极力支持；主观动机是为进一步传播其所谓正统教义寻找精神凝聚的场所。

大昭寺具有社会黏合剂的功效，使飘零分散的藏族信仰保持了同一性。在每一条道路上，精神的旅行者都有一个理想人物作为他追随的榜样和向导。面对千年圣物，这种无法用言词表达的某种精神特质，使藏传佛教的信徒们在超凡力量与绝对权威面前更加崇信这种来自内心自认为美的、纯洁的、荣耀的东西。因此，宗喀巴大师将一生中最重要的法会场所选定在拉萨大昭寺。

三、五世达赖喇嘛与大昭寺

1488 年，拉萨传召大法会的领导权被噶玛噶举派和直贡噶举派夺取，直到 1517 年才回到格鲁派之手。1642 年，固始汗（1582～1654）将卫藏地区的行政事务委任于五世达赖喇嘛的第巴，于是以蒙古汗王为主要执政者和第巴共同组成联合政权，从而开辟了所谓甘丹颇章政权时代（1642～1959）。1645 年，正在吐蕃王宫基址红山之上修建白宫的五世达赖喇嘛亲自编撰了《大昭寺目录》。五世达赖喇嘛从历史文化渊源与历史文化互动力量对现实社会的影响考虑，自然而然地将大昭寺纳入格鲁派重点维护的佛教圣地，延续了从西方极乐净土领受了阿弥陀佛的光荣使命而成为雪域藏地保护神的观世音菩萨——化身达赖喇嘛的美丽动人的神话传说。

格鲁派试图遵循其前身噶当教派清净脱俗的风范，强调宗教决不是强权统治者粗制滥造和强加于人的，而是出现在社会底层并且无视任何强权意志。但是，在政教合一体制下，人性的魅力、人民群众的力量却被深深地隐藏在诸佛菩萨与护法、上师神圣的光环背后。

四、还原大昭寺真实历史所体现的人文主义精神

以古为鉴，但非倒退复古。有关大昭寺最初的直接记载，应是赤松德赞（742～796）时期的桑耶寺碑文、巴沃·祖拉陈瓦（1503～1565）的《智者喜宴》[①] 所载赞普诏书、赤祖德赞时期的噶琼寺碑文等史料。大昭寺建于松赞干布（617～650）时期是铁的事实，凝聚着吐蕃人民的劳动与智慧，反映了藏汉、藏尼文化的交流。

仅在乎社会情感而藐视任何内在宗教情感的人，是难以与之讨论宗教心理学问题的，而且是导致信教徒更加不愿妥协或拒绝接受任何接近客观事实的主要原因。有时这种看似神圣传统的固执态度，给我们的认识能力与发挥潜力等方面套上了一种无形的枷锁。

---

① 巴沃·祖拉陈瓦在公元 1563 年 60 岁时编纂，翌年在洛扎庄园印刷，因此亦被称为《洛扎教法史》。

上世纪 80 年代，在拉萨市委统战部召开的一次专题讨论会上，恰白·次旦平措针对大昭寺创建问题提出了否定历史权威的意见。但是，他接近客观历史的直言，遭到一些人的指责与批判。

一个学者对民间信仰与传说的质疑，将千百年来已经神化的松赞干布还原为一个真实的直立黑头人的君主，将参与兴建大昭寺的广大人民群众的历史功绩给予了肯定。每个时代的历史学家似乎都用当时正在寻找的东西来表达已经过去的历史，扮演一种既重要又困难的角色。恰白·次旦平措系统总结了前人研究大昭寺时所作出的有益探索，专门撰写了《大昭寺史事述略》一文，首先从年代学的考据方法入手，以公认的文成公主 641 年进藏，松赞干布逝于 650 年为时间段，认为大昭寺应创建于公元 7 世纪 40 年代中叶，更确切地说即 646 年左右。其根据是公主在进藏路上耽搁几年，到藏后三年为尼泊尔妃用易经八卦测定了建庙地址。

其次，究竟是谁主持修建了大昭寺？大昭寺是松赞干布为了引进当时具有较强佛教文化色彩的东、西文明，为了建立一个传播佛教的基地，以尼泊尔赤尊公主的名义修建的神庙，最初的主供佛像是不动如来佛。

恰白·次旦平措并没有拘泥于《柱间遗教》以及后期教法史广为宣传的尼泊尔公主修建之说，而是立足于更为可靠的 8 世纪赤松德赞建造桑耶寺所立碑文和公元 9 世纪初赤德松赞建造噶琼神殿所立碑文等，认为松赞干布为弘扬佛法建立了逻些白哈尔（大昭寺古名）。

至于是如何修建的问题，近千年来一直流传着松赞干布以五千幻化之身，神奇创建大昭寺的故事。但是，恰白·次旦平措拨开迷雾，层层雕琢而使之归于淳朴，逐渐抛弃英雄创造历史的唯心史观，并力图扭转这种深受传统惯性理念制约的思维模式。

恰白·次旦平措较为客观地描绘了松赞干布时期大昭寺的原貌，以及 11 世纪以后对大昭寺的维修与改扩建工程及相关历史人物。象征藏族古代建筑艺术的大昭寺，是藏族人民勤劳智慧的结晶，当恰白·次旦平措试图矫正谬说，寻找新的历史主人翁时，因超出了可理解与熟悉的范围，使得持不同意见者的心灵产生了茫然的惊愕与无端愤怒。首先有一二人开其端，接着数十人哗然攻之。

他还创造出了颇有裨益的理论前提。许多人似乎依然在精确地复制某种传统的标准模式，使藏族历史研究方法陷入一种相当有限的范畴中。恰白超脱时代的局限，把一千多年前修建大昭寺者看成活生生的人，并切实感受他们创造历史的真实性。遗憾的是，藏族史坛上去伪存真的考据文章寥若晨星，敢于实事求是地正视藏族历史原貌的文章更是凤毛麟角。大昭寺究竟是何时由何人修建，主供的释迦牟尼佛像究竟是不是文成公主从长安带来的？在现当代藏族传统学科中虽不乏考据学风，但大多数是脱离现实无关痛痒的繁琐考据。然而，精通藏族传统文化名物训诂的恰白·次旦平措，主张以火攻火，从西藏正统神话史学炫耀的光芒中走出来，开启实事求是的学术新风气。

第四节　编写《西藏简明通史》

一、撰写过程

为批驳夏格巴于1976年出版的《西藏政治史》一书中的谬论，20世纪80年代中期，西藏社会科学院组织人力编写一部立足于藏文原始文献，客观反映西藏历史原貌的藏族通史。主编一职就落到了在藏学研究上造诣深湛的恰白·次旦平措的肩上。鉴于西藏各方面情况的复杂性和特殊性，恰白最初颇为踌躇，但最后依然勇挑重担，并挑选见多识广的诺章·吴坚作为自己的助手。在资料收集过程中，尤其在寻找文献资料方面遇到了诸多困难。虽然西藏自治区档案馆收藏的资料丰富，但难窥全貌，而且借阅使用颇为困难。幸好当时西藏藏文古籍出版社的工作由恰白·次旦平措和诺章·吴坚主持，使得他们能够充分地利用从各藏区收集来的多种藏文文献。布达拉宫管理处、西藏自治区政协和拉萨市政协也给予了很大的帮助。数易其稿之后，1989年出版了《西藏简明通史——松石宝串》第一部。

在写作过程中，他们博采众长，具体分工，保证了书稿的质量与学术水平。“如在编写十三世达赖喇嘛的有关章节时就遇到了困难——藏文文献中缺少有关十三世达赖喇嘛的详细记载。虽然有一部传记，可除宗教仪轨与接见礼节等内容外，世俗历史可资借鉴的东西太少，西藏档案馆收藏的官方文献又不能借阅，只能借助于汉文文献，而恰白与诺章的汉语文水平有限，乃请《藏史明镜》的作者平措次仁撰写有关十三世达赖喇嘛的章节。此外，聘请西藏大学、西藏藏医学院及相关单位的科研人员撰写有关唐蕃马球方面的内容和《四部医典》等相关的历史知识。恰白执笔撰写了《西藏简明通史》中古代史与元、清（除十三世达赖喇嘛以外）部分。诺章·吴坚是一位藏传佛教知识极为丰富的学者，所以，执笔撰写宗教方面的内容和西藏分裂割据时期与帕竹政权时代部分”①。

《西藏简明通史》是第一部较为系统完整的藏族通史著作，受到了国内外学者的重视。可以说，这既是藏族史学界的一件大事，也是中国藏学事业的又一丰硕成果，为全世界的藏学学术研究作出了重大贡献。1996 年，该书汉译版正式出版发行。

二、鲜明特色

概括地说，《西藏简明通史》具有以下五个鲜明特色：1. 是一部学术性与政治性结合较好的通史性巨著。2. 框架体系方面，在传统编撰体例的基础上，采取了记事本末史学体例撰写方式。3. 在藏族古代史研究中突出纪年考证的地位与作用。4. 对于珍贵稀有的文献，刻意全文引用或注明来源，以使更多的研究者受益，希望同仁们不要将祖宗留下的财富束之高阁，或据为己有。5. 至于未能定论的历史人物，《西藏简明

---

① 亚东·达瓦次仁：《藏族耆宿 史海钩沉——访著名藏族学者恰白·次旦平措》，《西藏大学学报》2005 年第 1 期。

通史》中尽量全文引用以往史学家有价值的各种评说，以供人深入研究、参考。

因此，拉巴平措在该书汉译版前言中指出，《西藏简明通史》最鲜明的特色就是“以史为鉴、明辨是非”，高度评价了其学术价值与现实意义。

三、现实意义

1. 打破了千年封建神学的传统史观，具有重要的进步意义。许多现当代传统的藏族历史学家们，既占有广博的藏文史料，又具有深厚的藏学功底，但缺乏相对客观的观察、分析、判断能力，因此未能在藏族史学上有大的建树。恰白·次旦平措以不拘泥于传统的独特史识，承袭根敦群培的精神遗产，在历史唯物主义史学理论的指导下，以章节式史学体例编写了在国内外产生巨大影响的《西藏简明通史》这一藏族通史性的鸿篇史著。

2. 开拓了藏族历史研究的新视野。恰白·次旦平措在整个探究、撰写《西藏简明通史》的过程中，放弃了千篇一律的撰写模式。在考古铁证未能公之于世时，在我们未能找到不证自明的历史合理性时，恰白·次旦平措忠实于史料的风貌就显得特别重要。因为藏族政治、经济、文化的综合研究和对藏族历史发展客观规律性的揭示，必须建筑在真实史料的基础上，决不能脱离原始史料，决不能断章取义地去拼凑造假。

第四章　超越传统史学观的历史思维及研究方法

西藏自古以来就是中国的一部分，西藏历史不仅仅是地域性概念，即仅作为西藏这一地方的历史，更是中国历史的一部分，藏族与中国其他民族共同创造了中国历史，不断地把中国历史推向前进。同时，藏族也与周边兄弟民族相互影响，各种经济文化艺术医药的交流，都促进了西藏地区社会的发展与进步。

尽管史学界很早就达成了一个共识，但在研究地方民族史的过程中，绝大多数史家遵照“求真”和“还其本来面目”的治史原则，尽可能地撰写出一段客观真实的历史，却鲜有学者真正能够做到将自己所研究的某一民族史作为中国历史的一部分来研究。

第一节　方法与方法论

在历史唯物主义诞生以前，人们总是从神的意志、卓越人物的思想或某种隐秘的理性，即从某种精神因素出发去解释历史事件，说明历史的发展。研究西藏史学的观察力经历了三个发展阶段，即神学史观——人文史观——唯物史观。在近代西藏的人文大师根敦群培之前，由于编撰历史典籍的历代高僧、学者等西藏传统史学家，受当时社会历史文化和宗教等因素的制约，或受宗教利益和政治利益的驱使，其所编撰的史籍几乎都带有浓厚的神学或神话色彩。无论是这些史籍中的政治事件还是宗教事件，都无法真实、客观地反映西藏的历史。尽管这在历史上也曾经与当时的社会形态相适应，发挥过一定的积极作用，但却无法辩证地、历史地看待问题，无法认识到社会发展的本质内容和根本动力，无法透过现象，把握社会历史发展的规律。根敦群培则把“西藏历史研究从神学枷锁下解放了出来”，从人文主义角度阐述和撰写西藏宗教及历史，打破了西藏传统史学神学史观的统治地位，确立了西藏史学研究史上的人文史观，在方法上开始注重以实证去分析和考证史实，运用多重史料对比鉴别史事，并采用语义学方法探讨历史概念等，为后人研究西藏社会及历史奠定了坚实的基础。然而毕竟受时代和经历所囿，在内容方面无力做更多的扩展，一些过去被边缘化或忽视掉的东西依然没有纳入其研究领域。恰白自幼接受传统文化的教育，同时还在一定程度上继承了根敦群培的学术思想和治学方法，经过和平解放、民主改革的洗礼，以及改革开放30多年的学术生涯，在世界观、人生观、价值观等方面发生了根本性转变。在此基础上，他通过持之以恒的刻苦学习、钻研，坚持正确的理论指导，毅然摆脱传统神学史学观念束缚，开始用马克思主义唯物史观的方法、思路和眼光去认识和研究西藏历史，形成较为系统的学术思想体系。

史学的根本要求就是求真，即对于历史真实的追求，揭示历史真相，探寻历史发展规律。历史学家研究历史的目的，自然不仅在历史研究中以“求真”为要务，还要在求真的过程中发现历史发展规律。马克思主义唯物史观是正确认识和解释历史、探讨历史发展规律的基本理论，是科学的世界观和方法论，是历史研究最根本的指导思想，同时又是具有普遍意义的历史科学研究方法。马克思主义唯物史观重视物质和实践在社会生活、政治生活和精神生活中的作用；认为社会存在决定社会意识；生产力和生产关系的矛盾、经济基础和上层建筑的矛盾是一切社会的基本矛盾，也是一切社会发展的基本动力；人类社会发展的历史归根到底是生产发展的历史，物质资料的生产者——劳动人民是创造历史的决定性力量，人类所面对的世界是活生生的，并由人类的活动来实现，强调以人为本。这些基本理论对于清理西藏历史中的唯心史观和神学思想，认识西藏历史发展规律，是至关重要的。实践已经证明并将继续证明，史学界对马克思主义唯物史观的运用，使得史学研究领域空前拓展。那些在传统历史撰述中完全被忽略或边缘化的问题受到越来越多的重视，同时史料概念的内涵发生了重要的变化，不仅大量的考古发掘资料被纳入史料的范畴，而且在新的理论方法指导下，人们对于现存的文献资料的重新解读和再利用，也促成了历史认识的不断深化与拓展。

透过恰白的诸多著述，我们不难发现，较之以前的西藏传统史学家，他对西藏史的研究已经超越了西藏传统史学的范畴。他本人亦承认在西藏历史的研究方法上完全坚持了辩证唯物主义历史观，这是一种与西藏传统史学迥然不同的史学观。如他在谈到《西藏简明通史》时，曾说，“主要是因为我们剥掉了藏族历史的神话外衣，还历史以真面目。以前很多藏族宗教渊源、派别等史书具有浓厚的宗教色彩。可研究历史，必须以唯物辩证的眼光去看待和认识，不能把自己的宗教信仰当作衡量历史的天平。虽然西藏历史离不开宗教，但历史不能等同于宗教史。”

恰白还曾多次谈到马列主义、毛泽东思想对自己史学研究工作的重要指导意义。西藏和平解放后不久，恰白就开始接触并认真学习马克思主义理论。他通过持之以恒地刻苦学习、钻研，在充分继承和发展传统藏学研究的基础上，毅然摆脱传统神学史学观念束缚，继承并突破了根敦群培的人文史观，在其对西藏历史的反思和史学研究过程中充分运用马克思主义理论和方法，自觉以马克思主义唯物史观为指导，在西藏历史研究实践中坚持唯物主义的史学本体论。其具体表现为：坚持从历史事实出发，重视对史料的考据，在尊重史实的前提下深入剖析历史事实，将史料转化为史实，从而发现新的史实，使人对历史有新的认识，以把握历史的主干、脉络和全貌，反映出真实、生动、丰富的社会历史内容，还历史以本来面目；突破西藏传统史学的神学史观束缚，强调人类的历史是人类本身发展的过程；人民大众在西藏历史发展中起着主要的决定性作用，是历史过程的积极主体的观点。这不仅体现在恰白史学研究的著作中，而且在其文学作品及对民间谚语的整理、解读中也多有体现。此外，恰白正确处理西藏史学与现实的关系，全面深入地分析和阐述了西藏地方历史发展的客观规律和与祖国息息相通的历史关系；在研究领域和研究对象方面，也较过去传统西藏史学有了很大的拓展。

以恰白主持编写的《西藏简明通史》为例，该书以唯物史观为指导，采用历史唯物主义实事求是的科学、严谨的治学态度，不仅注重各种文字史料与金石铭刻等考古发掘资料的运用，严格地依据第一手信史资料进行严密论证和逻辑推演得出结论，并且在内容上较之以前的西藏史书也有了更大的突破，所涵盖领域不仅有宗教内容，还涉及政治、经济、文化、周边民族关系、军事、科技、医学、天文历算等方面，其中很多内容是过去传统史书编撰中完全被忽略或者不予涉及的。《西藏简明通史》作为一部地方史，其亮点之一在于，恰白及其他编者自始至终都在尊重史实的基础上牢牢把握住了西藏地方与历代中央的关系，而通过这样的脉络使得西藏历史发展规律清晰可见。即，西藏历史和文明一直以来是朝着东方发展的；曾经有过的纠纷和战争是民族之间最初发展关系阶段经常可能发生的一种普遍现象，民族融合和友好始终是主流；西藏命运始终与祖国命运息息相关，藏民族与其他民族共同创造了中华文明，推动了中华民族历史的发展。

作为史学家研究历史的本分，无论是揭示历史真相、对历史真实的追求，还是探寻历史发展规律，恰白都在西藏历史研究领域取得了非常突出的成就。正如中国藏学研究中心总干事拉巴平措在《西藏简明通史》前言中所说："这部《西藏简明通史》把藏族史的研究在广阔的领域内从人文科学进一步引向了历史唯物主义，这是藏族史研究的重大进步。"而这些都得益于恰白在西藏历史研究中对马克思主义唯物史观的理解和运用，正是他坚持运用历史唯物主义的科学方法指导西藏历史研究，不懈追求历史解释的科学性和历史学的客观性，切实捍卫历史学的科学性，努力恪守历史学家的价值立场，履行历史学家的社会责任，从而实现了他学术思想的飞跃和升华。

第二节　朴素唯物主义的史学观

一、关于史学和史学观的问题

因取义的广狭不同，史学的定义从内涵上可归纳为两种。广义上的“史学”是对“史”进行同时合训而产生的“史有二义”的统一体，包括完全独立于人们的意识之外的人类以往社会的客观存在及其发展过程，与历史学家对这种客观存在和过程及其规律的描述和探索的精神生产实践及其创造出来的产品。狭义上的史学不包括前者，而专指后者。通俗地讲，就是历史研究者所撰写的历史著作。

在马克思主义历史学诞生之前，人们一般从广义上来界定史学，即对史学的定义与对历史的定义往往是同一的，很少有人从概念上对两者进行严格的区分。随着人们对“史”的认识发展，作为人类以往社会客观存在的“历史”与作为一种专门性学问的人们对它进行认识、描述的活动及其结果的“史学”，最后实现了初步分离，这是古代历史学家经过数千年探索的结果，亦是他们在史学认识上的最大成就之一。同时，这一成就也能够帮助我们正确地理解和解释什么是“历史”的问题。在马克思历史唯物主义史观的指导下，通俗地解答什么是“历史”的问题，有学者认为应当从以下三个方面去认识和理解：“第一，它指以往人类社会的客观历史过程，或过去发生过的事情的历史，即作为历史研习者认识对象的客观存在的历史；第二，它指人们的历史认识或作为历史认识集中成果的历史著作，即作为认识主体对客观历史过程进行重建的主体化的历史；第三，它指历史学这门科学，即研究人类社会过去发生过的各种历史现象并探寻其发生发展规律的科学。”① 简而言之，历史是历史研习者认识对象的客观存在的历史，而历史学是一门整合型的社会科学，是历史研究主体在马克思主义哲学所提供的一般规律指导下，运用一定的思维认识方式和手段，在与历史客体发生互动作用的过程中，通过对历史客体的分析研究，以理解其特殊规律和特点的一种精神生产实践及其创造出来的产品——历史知识。

历史观又称“社会历史观”，即人们对社会历史的根本观点、总的看法，是世界观的重要组成部分。世界观与历史观是相互影响、相互制约的。历史观的基本问题是社会存在与社会意识的关系问题，这是哲学基本问题在社会历史领域的延伸。由于对历史观基本问题的不同回答，形成了两种根本对立的历史观：唯物主义历史观和唯心主义历史观。唯物主义历史观是马克思主义哲学的有机组成部分，是唯一科学的历史观。唯物主义历史观认为社会存在决定社会意识，社会意识又能动地反作用于社会存在；指出社会历史是客观的合乎规律的辩证发展

① 杜经国：《历史学概论》，高等教育出版社 1990 年版。

过程，社会基本矛盾是一切社会发展的动力，生产力是社会发展的最初源泉；在阶级社会，阶级斗争是社会发展的直接动力；人民群众是推动历史发展的主要力量。唯物主义历史观的创立打破了唯心主义在社会历史领域中一统天下的局面，是历史观的伟大变革。唯心主义历史观认为社会意识决定社会存在，否认物质生产对社会发展的决定作用，把个人的思想观念、理性或“绝对精神”、“神”说成是历史发展的动力，认为少数英雄人物是历史的创造者，是历史发展的决定性力量。唯心主义历史观的根本缺陷是：“第一，以往的历史理论，至多是考察了人们历史活动的思想动机，而没有考察产生这些动机的原因，没有摸到社会关系体系发展的客观规律性，没有看出物质生产发展程度是这种关系的根源；第二，过去的历史理论恰恰没有说明人民群众的活动。”① 在马克思主义哲学产生以前，唯心主义历史观在社会历史领域一直占着统治地位。随着遗传学、进化论、物质结构、天文学等自然学科的发展，唯物主义基本取得了胜利和大多数人的支持。它告诉我们，其实历史发展也是有其自身的客观规律的，是不以人的意志为转移，并严格遵循生产关系符合生产力发展这一规律。因此，我们说是历史唯物主义把唯心主义从最后的避难所中赶了出去。

二、传统藏族史学的几个发展阶段及特点

从实际历史发展过程来看，自从有了人类和人类社会以后，人们就以自己的生产和生活留下了物质的遗迹；在文字产

---

① 《列宁选集》，第 2 卷，人民出版社 2003 年 5 月版，第 586 页。

生以后，人们为了生产和生活的需要而记下了许多事情，开始留下了文字的记录。文字记录日益增多，逐渐在空间、时间和事情本身上有了连续性。一旦这种连续性出现，就具备了撰写历史作品的可能性，因为史料的积累达到了这样的程度。不论在中国或外国，按年记事的编年体大事记往往都是从零星记录转向成熟的历史作品的过渡形式。这种情况正如动作连贯的一张张的胶片增加到一定程度，就为电影的放映准备好了条件一样。公元7世纪上半叶，吐蕃大臣吞弥·桑布扎创制藏文，从此，结束了沿袭已久的那种借助于不太可靠的语言声音来记忆有限历史的口耳相传时代，意味着以文字记载历史的信史时代的到来。但是，不同时代、不同阶级的历史学家以不同的立场、观点和方法研究历史，自然也就写出不同的历史作品。彼此之间，有沿袭、有变革，逐渐推动史学的发展。因此，从总体上说，世界各民族对于历史的认识都是经过长期的思考、实践以后不断趋于理性、科学。同样，藏族对于历史学的理解也是随时代的发展而逐步深入的。

孙林在其著作中写道，“藏族传统史学的发展（现代藏族史学起始前）就其不同时期的藏族史学著作和史学家的写作方式、思想观念具体材料的分析和比较研究，可以分为五个阶段”①。

1. 吐蕃时期——奠定和发展阶段。这一阶段的主要特点是，藏族史学在体裁、体例等方面相比起来尚不够全面，但我们所能见到的产生于这个阶段的历史作品却处处充满活力和朝气，呈现出一种质朴而实在的品味。当时的藏族史学家，将历

① 孙林：《藏族史学发展史纲要》，中国藏学出版社2006年版。

史看作是前辈经验的凝聚和总结，也是宝贵的先例和规范，具有重要的指导和仿照意义。就如我们通常所说，史学的鉴戒功能是其最主要的社会功能。于是，就有了“鉴古知今”、“古为今用”、“历史的启示”、“总结历史经验教训”等盛赞史学功能的词汇，古今中外，概莫能外。从孔子撰《春秋》、司马迁写《史记》、司马光编撰《资治通鉴》，到今天出版的各种史鉴之类的历史书籍，无不鲜明地显示出史学在政治方面的借鉴作用。从这个意义上讲，吐蕃时期的历史文献倒能反映出“夫史书之作，鉴往所以知今”① 的写史目的，也就是“鉴古知今”的史学观。相对于藏传佛教后弘期的教法史、王统记等而言，在史学观上反而进步很多。

2. 分裂割据时期——积累与嬗变阶段。这一阶段的主要特点是，藏族史学在体例、体裁及写作体系上都呈现新的发展态势，而且对历史本身的观念及看法也与吐蕃时期有所不同。虽然在史书体例上相对前阶段有所进步，但开始在真正的历史中掺入大量非历史的或反历史的东西，神权史观的印记异常凸显。

3. 元明时期——继承与创新阶段。这一阶段的主要特点是，史学家们把握历史的整体水平较以前提高了许多，并出现了《红史》等对后世影响很大的历史著作，尤其是将西藏历史置于当时人所共知的那个世界的范围内，体现出那些史学家开阔的胸襟与历史包容心。但是，这一时期是藏传佛教各教派迅速发展壮大的阶段，世俗人物的权势远不及宗教人物，佛教思想的统领地位无可替代，人们一切实践活动的唯一“正确”

① （清）顾炎武撰《亭林文集》卷六，上海古籍出版社 1996 年版。

的目的就是“佛法的兴盛和长期存世”。因此，该阶段出现的诸多史学家自然也受其影响，且大部分历史著作的作者本身就是佛门弟子，其写史的根本目的也都是“佛法的兴盛和长期住世”。

4. 清朝时期——发展与成熟阶段。这一阶段的主要特点，一是历史著述呈现多样性；二是地方性历史著作如雨后春笋般产生，各具特色，尽显芳菲，成为藏文历史著述的独特景观；三是撰写佛教历史的作者群扩大，既有僧人，又有世俗人士，还有蒙古族人士，他们都用藏文写作，并取得很好的成果。但是，甘丹颇章是格鲁派统治政权，浓重的宗教气氛笼罩一切，使得西藏社会一切都以宗教为旨归，遏制了世俗政治势力的兴起，从而使西藏世俗社会、政治、经济的发展遭到严重压抑和扭曲，极大地阻碍和制约了社会经济的向前发展。特别是到甘丹颇章政权后期，政教合一、宗教至上的制度已根深蒂固植根于西藏社会。无论是僧俗各界民众的日常精神生活，还是西藏的上层社会政治结构，宗教无疑在其中占有绝对的优势，宗教至上已经成为普遍被人接受的事实。因此，维护宗教也就是维护政教合一制度就成为噶厦的根本宗旨和原则。在这种社会制度环境下，相对而言较开明的学者也自觉或不自觉地接受了“唯为宗教”的价值观。18 世纪闻名蒙藏地区的学者松巴·益西班觉（1704～1788）是通达大小五明、著作宏富的青海蒙古族学者。《松巴教史》（即《印汉藏蒙佛教史》，亦译《如意宝树史》）就是其代表作，也是藏文历史著作中的名著之一。该书全面系统地讲述佛教在印度和我国藏族、蒙古族以及汉族地区的产生传播情况，内容极为丰富，叙事扼要，汇总了大量的史料，纠正了年代等方面的不少错误，对现今研究印度佛教史、藏族历史、藏传佛教史、蒙古史等都具有重要的参考价值。然而，当他在前言中提起撰写此书的出发点和目的时亦谈道："世间一切福利之唯一源泉是无瑕的佛法，因此，从讲经和修道两个方面使其长久住世和发扬壮大非常重要。而这一切仰赖于诸法王及其守持佛教者（佛学家）。故此书重点讲述佛法祖师以及诸佛学家之历史，即：佛祖的诞生、讲法、佛教如何兴起等概要以及诸法王、佛学家、各教派的由来等。"① 这种思想的影响在此书中处处都有体现。

5. 民国时期——新旧史学的转变阶段。这一阶段的主要特点是，在国内外大的历史背景的影响下，学术方向开始从脱离现实的繁琐的考据转向用新的材料、新的研究方法以及新的眼光来研究和评判历史。

在相当长的时期内，历史的记述和研究成为不同时代知名学者、宗教人士甚至政界人士非常关注的问题。如，巴俄·祖拉陈瓦、蔡巴·贡噶多吉、桂译师·熏努贝、索南坚赞、五世达赖喇嘛罗桑嘉措等著名学者，在探索历史记述方法与研究方法的过程中，为后世留下了《巴协》、《汉藏史集》、《西藏王统记》、《青史》、《红史》、《新红史》、《西藏王臣记》、《朗氏宗谱》、《吐蕃王统世系明鉴》、《土观宗派源流》、《萨迦世系史》、《安多政教史》、《布顿佛教史》、《米拉日巴传》、《颇罗鼐传》、《贤者喜宴》、《多仁班智达传》等一批历史名著，成为过去、现在和以后学习、研究西藏历史的重要资料。总体上说，各时期的史学认识是逐步深入的，研究的成果也是丰富多彩的。但是，由于特殊的历史和社会条件，以及学者本身的地

① 松巴·益西班觉：《如意宝树史》，甘肃民族出版社 1992 年版。

位、阅历、身份等原因，宗教影响始终成为历史研究者难以摆脱的束缚，神权史观在漫长的藏族历史岁月中成为史家思想的主流和史学著作的重要特征。

三、藏族史学的新时代——从人文主义到历史唯物主义的跨越

（一）从神学史观到人文史观的跨越

中国史学上的历史观是在漫长的历史演进中不断得以发展、进步的。19 世纪末至 20 世纪初，中国人的历史观发生了两次重大变革：一次是西方近代进化论的传入，改变了中国人对历史的看法；另一次是马克思主义唯物史观的传入，在更加深刻的意义上改变了中国人对历史的看法。关于前者，梁启超、顾颉刚都有论述。如，梁启超倡导“新史学”，其历史观的主导因素，就是西方进化论。19 世纪末，严复、康有为大力介绍、宣传西方近代进化论，成为当时中国社会的一股重要思潮。梁启超的《新史学》一文，就是这股思潮在史学中的延伸和突出表现。他在该文中十分强调“史学之界说”，实则是以进化论重新解释史学。他指出：“历史者，叙述进化之现象也。历史者，叙述人群进化之现象也。历史者，叙述人群进化之现象而求得其公理公例者也……是故善为史者，必研究人群进化之现象，而求得其公理公例之所在，于是有所谓历史哲学者出焉。历史与历史哲学虽殊科，要之，苟无哲学之理想者，必不能为良史，有断然也。”① 显然，梁启超所说的历史、

① 梁启超：《新史学》，《新民丛报》1902 年。

历史研究和历史著述等，都是建立在进化论的基础上，这就把中国古代史学上很早产生的朴素进化思想推进到以进化论为核心的历史哲学的新阶段了。在20世纪的最初30年中，这种进化论思潮对中国史学产生了很大的影响，一些新的中国历史著作纷纷问世，如夏曾佑的《最新中国中学历史教科书》、陈黻宸的《中国通史》等论著。顾颉刚从三个方面比较了19世纪后半期、20世纪前半期中国史学发生变化的原因："第一是西洋的科学的治史方法的输入"，"第二是西洋的新史观的输入"，"第三是新史料的发现"。顾颉刚在讲到"新史观的输入"时认为："过去人认为历史是退步的，愈古的愈好，愈到后世愈不行；到了新史观输入以后，人们才知道历史是进化的，后世的文明远过于古代，这整个改变了国人对于历史的观念。如古史传说的怀疑，各种史实的新解释，都是史观革命的表演。"

作为中国史学重要组成部分的藏族史学也是在历史的发展过程中缓慢地、迂回地发展和进步的。在漫长的历史演进过程中，藏民族形成了以大小五明为主要架构的独具地域和民族特色的传统文化体系。无数学者、专家、高僧大德为我们留下了浩如烟海的文献遗产。其中，西藏的历史文献，如各种王统记、宗教史、苯教古籍、人物传记、家族史以及其他资料等，已成为我们研究西藏历史文化的重要参考文献。但是，由于宗教思想的影响以及作者身份和价值观所致，在历史中掺杂神话故事，用宗教思想、观念揭示历史事实的现象一直广泛而长期存在。

进入19世纪后，随着西方殖民主义向东方扩张，以英、俄为首的资本主义列强开始向西藏地区进行政治渗透。它们先后以“传教”、“游历”、“通商”等名义，甚至以武装考察为手段，派遣大批传教士和各种武装间谍深入西藏，进行侦察和测绘活动，收集西藏地区政治、经济和军事等情报，妄图打开西藏对外封闭的大门，并对西藏进行殖民统治。1888 年，英国发动了第一次侵藏战争并强迫清政府先后签订了《中英会议藏印条约》和《中英会议藏印续约》，通过这些不平等条约，外国资本主义势力获得了一系列侵略特权，并逐步在政治和经济上控制了西藏，使西藏地区逐步沦为半殖民地社会。随着西藏社会步入近代历史，许多有识之士努力摆脱封闭的体制和宗教束缚，并开始寻求和接受新的思想。随着一批与时俱进的学者在艰难的环境中成长，新的史学思想也悄然在高原大地初露锋芒，开始对神权至上的历史观提出挑战。西藏人文主义先驱根敦群培就是时代的代表性人物。他结合藏汉文献和文物资料，利用敦煌古藏文历史文书，深入研究吐蕃历史，写下了《吐蕃王统述要》、《唐蕃会盟与吐蕃攻占唐朝皇帝都城简述》、《汉文史籍所载的吐蕃王统》（手稿）和《白史》等，提出了许多独到的见解。尤其是《白史》，作为公认的根敦群培的史学代表作，它在导论部分考释了古代藏区的地理区域、职官名称、服饰和纪年方法等；在正文部分论述了本书所依据的文献资料，古代西藏的习俗和藏族的族源，囊日松赞至芒松芒赞时期的历史等。尽管这是一部未完成的作品，但仍然体现了根敦群培精湛的史学造诣。与传统的藏族史学著作相比，《白史》考证精当，见解精辟，论据确凿，具有新思路、新视野、新资料等特点，给人以耳目一新的感觉。在基本上全民信教、政教合一的西藏封建农奴社会，佛教主宰一切，神学史观成为统治者的精神支柱，学术和思想成为神学的附庸。根敦群培则凭借其坎坷而丰富、独特的经历，在十分艰苦的社会环境下，用理性和睿智的思维冲破一个个障碍，将藏族历史研究从佛教神学史观转向人文史观，从以神为中心转向以人为中心，开启了新的大门。正如杜永彬所说："他运用人文史观研究藏族历史、文化和宗教，冲破了佛教神学笼罩的传统藏学格局，动摇了统治藏族学术文化近一千年的佛教神学史观，基本否定了传统藏学的指导思想和认识论，确立人文史观为指导思想，这是传统藏族学术和思想的一场革命。根敦群培是藏族学术由神学史观——人文史观——唯物史观转变的承上启下的大师，他动摇了统治藏族学术文化一千多年的佛教神学史观，确立了现代藏族学术的指导思想人文史观，为在藏族学术中确立唯物史观奠定了基础。人文史观的确立，标志着藏族近代启蒙运动的开端，对藏族的思想解放产生了重大影响。"①

（二）从人文史观到唯物史观的跨越

如果说随着"新史学"的倡导和进化论的传播，对于中国史学史研究的提出及最初的研究，起到了很大的推动作用的话，唯物史观的传入和中国马克思主义史学的产生，对于中国史学史研究的提出及其早期研究，则在更深刻的意义上产生了影响。1919 年，李大钊在《新青年》杂志上发表《我的马克思主义观》的长文，以通俗而简明的笔触，表明了他对马克思主义唯物史观的理解和认识。李大钊认为，从经济现象去研究历史、说明历史，是唯物史观的核心。他略述了从孔道西、圣西门、蒲鲁东等人"以国民经济为解释历史的钥匙"的论点，进而指出马克思的唯物史观"把从前的历史的唯物论者

① 杜永彬：《根敦群培——西藏的人文主义先驱》，《中国藏学网》。

不能解释的地方，予以创见的说明，遂以造成马氏特有的唯物史观，而于从前的唯物史观有伟大的功绩”①。在中国史学上，这是首次极明确地阐述唯物史观的内容与价值，因而在史学发展历程上具有划时代的意义，它标志着中国史学走向科学化道路的开端。因此，可以说，20 世纪中国史学的最大特色，是马克思主义在中国的传播和对中国史学产生的影响。首先，马克思主义从根本上改变了中国人民的历史观念，在中国实现了全民族历史观的根本转变。其次，马克思主义理论的深刻性及其历史穿透力，使受其熏陶的学者养成了对历史进行宏观思考的思维习惯。掌握了马克思主义的中国历史学家，透过历史的表面现象去发现更为深刻的历史原因，使我们的历史研究能在深刻的理论层面，为人们的社会实践提供借鉴。于是，在国际史学舞台上形成了一个很具特色的中国历史学派。再次，近一个世纪，中国史学的一切成就，几乎可以说都是在马克思主义的平台上展开的，没有马克思主义的传入和发展并被确立为指导地位，我们现在所取得的一切史学成就都是不可想象的。

北京师范大学著名史学理论研究者瞿林东指出，“唯物史观从以下几个方面推动了 20 世纪中国史学的发展”②：

1. 唯物史观要求研究全部历史，即是说要研究整体的历史。一部中国史学史告诉我们，对人类社会历史作有系统的和整体的研究，这是从唯物史观传入中国后才逐步发展起来的一种新的史学意识。当然，以往的史学，也都不同程度地涉及社

---

① 李振宏：《21 世纪中国史学发展趋势展望》，《人民日报》2001 年 7 月 14 日第六版。

② 瞿林东：《唯物史观与中国史学发展》，《南开学报（哲学社会科学版）》2002 年第 2 期。

会历史的各个方面，但对经济、政治、军事、文化、民族、中外关系等，作系统的、整体的、科学的把握，确实得益于唯物史观基本原理的启示和指导。

2. 唯物史观告诉人们，人类社会的历史是一个自然发展的过程，因而是有规律可循的。中国史学史上的许多先哲着意于“通古今之变”，不断探讨社会治乱之“理”、朝代存亡之“势”，努力解释“势”与“理”之中存在的“道”，即社会历史演变的法则与常规，其意颇近于今天所说的规律。尽管中国学人在这方面作了许多可贵的探索，也有丰富的思想积累，然而在马克思主义唯物史观传入中国以前，我们的先人在这方面的思考仍停留在朴素的阶段，从而限制了人们对社会历史的认识。唯物史观把人类社会历史看作是一个由低级到高级的自然发展过程，揭示生产力和生产关系的发展以及阶级划分和阶级斗争的演变对社会历史的影响，从而揭示出人们认识历史发展规律的方法论原则，也就使人们认识历史发展规律成为可能。

3. 唯物史观要求人们用辩证的观点、方法看待人类社会历史的发展，这是因为唯物史观同马克思主义的唯物辩证法是密切联系、不可分割的。众所周知，按照唯物史观的基本原理，揭示人类社会历史发展的根本原因，应从经济领域入手。但是，唯物史观同时承认政治制度、法律制度、思想文化、道德风尚等对经济社会发展的重大作用。在中国史学上，司马迁写出了《平准书》和《货殖列传》，《汉书》则有《食货志》，杜佑《通典》更是把《食货典》置于诸典之首等，可知重视经济的思想传统。杜佑甚至指出了教化同食货、职官、选举、礼乐、兵刑、州郡、边防之间的密切关系，将古代史家关于社会结构、国家职能的认识提到了新的高度。可是，此后的上千年中，人们在这方面的认识进展缓慢，并始终带有朴素的色彩。唯物史观的传入，使人们的历史观念发生了质的飞跃，经济、政治、文化相互间的关系及其在社会历史进程中的作用，才真正得到合理的解释，并在现实的历史运动中获得实践的意义。今天看来，这虽是一个常识问题，但中国史学在历史观念上发展到这一阶段，却是走过了漫长的道路。

4. 唯物史观最鲜明地提出了人民群众在推动历史发展中的巨大作用。中国历史上很早就有民本思想的传统。司马迁还写出了《陈涉世家》这样的千古名篇，一些史家也一再强调“水能载舟，亦能覆舟”的道理，明清时期史学的重民思想有了更大的发展，这些都是宝贵的思想遗产。但是，这样的思想传统要发展到更高、更加理性的阶段，只有在唯物史观传入中国以后才能实现。果不其然，中国史学界在唯物史观传入后产生了诸如李大钊的《民彝与政治》（1916）、翦伯赞的《群众、领袖与历史》（1939）等宏文，鲜明地提出了人民群众在历史进程中的伟大创造作用。

随着西藏和平解放特别是民主改革后，藏学研究工作基本上确立了马克思列宁主义、毛泽东思想的指导地位，辩证唯物主义和历史唯物主义的立场、方法在藏学研究工作中得到广泛应用。在党的关心教育下，一批用马克思列宁主义理论武装起来的、用现代科学知识和方法从事研究工作的人才迅速成长起来。他们继承了前辈学者的优良学风，特别注意在藏学研究工作中运用辩证唯物主义和历史唯物主义为理论指导，坚持藏学研究为维护祖国统一和加强民族团结服务，为藏族地区的社会主义建设服务；在研究方法上，将现代科学的研究方法和传统的藏学知识相结合，实地调查研究与文献资料相结合，使中国藏学研究发生了本质的变化。东噶·洛桑赤列（1927～1997）是最早在藏族历史研究中运用历史唯物主义的观点和辩证唯物主义方法的学者之一。他从小被认定为林芝觉木宗扎西曲林寺第八世东噶活佛。10岁时入拉萨色拉寺麦扎仓学经，于1947年获藏传佛教格鲁派的最高学位“拉然巴格西”。此后直到1954年在拉萨上密院学习密宗，并到寺外拜师学习文法和诗学，直到1959年。1959年西藏民主改革后，他长期从事藏语文的教学和藏学研究工作，并在西藏革命和建设的实践中较系统地学习了马克思主义哲学、政治经济学理论。1980年，他欣然接受了“西藏的政教合一制度”课题的研究工作，并很快完成了第一部用辩证唯物论和历史唯物主义的观点研究西藏历史的藏文著作《论西藏政教合一制度》。该书运用历史唯物主义的观点，引证许多新颖而有价值的藏文史料，在对西藏各个历史发展时期的经济制度和政治、宗教状况加以分析的基础上，阐述了西藏政教合一制度的产生、发展、直至消亡的历史。它的问世，是西藏和平解放以来藏学研究领域所取得的代表性成果之一。

恰白出生在封建农奴制下的旧西藏，接受过传统的藏文化等基础知识教育，并在西藏地方政府担任过宗本、税收官等职。西藏和平解放以后，作为上层爱国人士，他拥护中国共产党的领导，积极向党组织靠拢，于1953年5月参加革命工作。在同“老西藏”们朝夕相处、投身西藏解放事业的过程中，以开明的思想努力学习马列主义理论，成为早期接受马克思主义思想的藏族学者之一。20世纪70年代起，他开始职业学术生涯，通过近三十年如一日的刻苦学习，潜心钻研，在推出系列相关研究成果的同时，迸发出思想的星星火花，拥戴马克思主义思想的指导地位，坚决摆脱传统神学史学观念束缚，形成了较为系统的研究思路、思想观念，或者叫作学术思想体系。他的学术研究在西藏史学史上已达到新的高度。如果说根敦群培开启了藏族史学研究中的人文主义、朴素唯物主义思想的先河，那么，恰白在这方面起到了承前启后、继往开来的巨大作用，为我们留下了十分宝贵的精神财富。

恰白始终坚持正确的学术方向，将自己的研究与维护祖国统一、民族团结、发展稳定的现实结合起来，将自己的所学所知所见毫无保留地记录下来，传诸后学，为繁荣发展中国藏学，为传承弘扬藏族优秀传统文化，为国家和人民做出了重大贡献。正如西藏自治区社科院党委书记、副院长、“恰白·次旦平措学术思想研究”课题组领导小组组长孙勇所说：“若将恰白的学术思想、学术生涯放在一个历史长河中，我们将会发现这是藏族思想史上的一个里程碑。通过历史研究，我们不断地、逐步地感受到恰白承前启后的思想在藏族史学界的贡献。先生学术思想上受根敦群培的影响很大，而根敦群培在近代藏族史学研究以及思想阐述方面仿若划过夜空的闪电，打破了西藏历史长期以来陷于神话中、具有浓厚宗教色彩、一直以神权思想笼罩的局面。由于历史局限性使得根敦群培来不及深究的带有深邃思想的一些东西，恰白不仅在其著作中有所体现，而且大大地往前推进了一步。因此，将恰白称为里程碑式的人物是不为过的。我们会发现恰白的学术思想在根敦群培的基础上有着质的飞跃。如果说根敦群培的研究成果和思想是夜空中的一道闪电，那么恰白带有深邃思想的研究成果至少是我们西藏史学界的朝晖。恰白以清晰的思路、高明的见解、严谨的学术态度，为后人做出了榜样。若能沿着恰白等有识之士为我们开辟的学术道路前进，西藏史学界将大有希望。民族的发展前进离不开贤者、学者，包括学术领域中对青少年、一般群众进行启蒙教育的人。有了里程碑，就有了参照点，因为任何事物的前进犹如车船，失去了参照点就等于失去了前进的方向，使前进的道路变得更漫长、更艰辛。恰白在史学和思想解放方面的贡献，对很多人来说，无疑是一种启迪。"① 在近半个世纪的学术生涯中，恰白始终以科学的理论为指导，以无所畏惧、坚持真理、独立思考、坦白诚实、是非分明的态度，积极投身于历史研究事业中。在正确理论的指导下，不但树立了正确的历史观，而且在具体的历史研究过程中取得了令人瞩目的成就。

1. 对历史学的科学认识。在藏族传统文化中历史是十分重要的内容之一，以宗教人士为主的无数贤者，十分注重对历史的研究和记叙。但是由于受宗教史观的影响，在历史研究的意义和历史功能的理解上"唯为宗教"的印记非常明显。《西藏王统记》的作者萨迦·索南坚赞在开篇中说："夫此世间一切福善利乐的本源，厥为大宝佛法，而佛法弘扬因缘，又实赖诸天竺、吐蕃法王菩萨之恩德。若尔，则先诸德之史事，应当广为流布。特此边地雪域，曾蒙本师圆满正觉所授记，谓圣观自在菩萨当在此土，随类施教，现变化身，度诸有情，登解脱道，尤以圣者心密所变化之护教法王，如松赞干布等及其相继出世法王祖孙数代，当其大兴佛教之史事，更应广为流布，故今特撮略讲述，望能凭其起信祛疑，并将教法源流铭记心中，

① 孙勇在"恰白·次旦平措学术思想研究"课题成果《恰白·次旦平措访谈录》评审会上的讲话。

勿忘为祷。”① 由此看出，其主要目的是“大兴佛教”、“起信祛疑”。桂译师·熏努贝（1392～1481）在其巨著《青史》的结尾处亦说：“此一史著，述说西藏境域中，正法和说法者如何而来的次第，是从法王松赞干布起到现在已经八百五十年……这一著作的善业，仍回向佛教从诸法门中，于一切方隅发扬光大，长久住世。”② 其主要目的也是为了佛教的发扬光大，长久住世。

著名史学家梁启超在《中国历史研究法补编》中写道：“凡作史总有目的，没有无目的的历史。”他认为西方史学所鼓吹的为历史而研究历史的观念，在中国从来没有。中国史家向来以历史为载道的工具，社会在进化，“道”也在变化，因而历史研究的目的不可能凝固不变。旧的史学研究只是为了少数统治者提供“资鉴”，而现代著史则“为国民资治通鉴或人类资治通鉴”，以达到“为现代一般人活动之资鉴”的目的。③ 在历史研究的目的性方面，恰白与梁启超有不谋而合之处。他反复强调：历史绝不能是宗教神话与历史事实的一种混合，认为过去的历史研究都是以通过宣传宗教思想，达到控制人们思想和发展各教派以及家族领地为目的的。与此相反，人类的历史最终所反映的是社会发展的事实。因此，在研究工作的指导思想上，要冲破宗教唯心主义的种种束缚，把西藏历史研究引向以历史唯物主义为指导的正确道路。他还说：如果我们能够

---

① 萨迦·索南坚赞：《西藏王统记》，刘立千译，西藏人民出版社 1985 年版，第 2 页。

② 桂译师·熏努贝：《青史》，郭和卿译，西藏人民出版社 1985 年版，第 714 页。

③ 梁启超：《中国历史研究法补编》，1926 年版。

以社会科学的方法研究历史的话，就能科学地说明不同历史时期的政治、经济、文化以及意识形态等各种复杂的历史现象，并且，还能够揭示未来社会的发展方向。他同时强调，在真正进行历史研究时，也不能以个别历史文献为依据，要真正了解历史事实，就要对各种历史文献资料进行实事求是的分析。因为有了正确的历史观，所以先生在看待、分析和处理问题时就更加全面、更加客观、更加符合实际、更加智慧、更加接近事物本身的客观规律。

2. 对史料的科学鉴别。历史是一门实证科学，历史资料的有无和真实与否是能否得出科学结论的重要因素之一。从一名历史研究者的角度看，文献资料是其从事研究工作的基本条件，也是得出科学结论的先决条件和立足点，是历史研究的基础。因此，历史资料的研究历来被国内外专家、学者所重视，并形成了《史料学》这样一门学科。但是，因为各种复杂的原因所致，史料也有真伪之分。郑梁生在《史学入门》中，对产生伪书的原因归纳为以下几点："一是假托古人的书；二是古代文书失传，后人遂伪造补缺；三是由于学派斗争，伪造古书以打击对方；四是古书本非有意作伪，因误题著者而为伪；五是有意作伪书，以欺世盗名；六是真书中杂有伪作；七是伪书中杂有真书等。"① 由此可以看出，我们在完成史料的搜集之后，决不能不加区别地拿来就用，需要做一番去伪存真的工作，如此方能确立正确的古史。

西藏有着丰富的历史文献资料，但是，由于历史原因对于这些文献资料长期缺乏客观公正及科学的研究鉴别，所以，在

① 郑梁生编著：《史学入门》，北京大学出版社2008年版，第53页。

对待传统文献资料的问题上，历来存在着两种极端的现象，要么把所有的文献资料都作为无任何瑕疵的文化精华，容不得任何分析和评论，要么就把所有的文献资料都当成是旧社会文化的糟粕而加以排斥。其实，研究历史文献绝不是任何人都能从事的一项工作，他至少应具备如下条件或素质：一是要全面熟悉和掌握不同历史时期、不同作者撰写、不同版本的各种历史文献的不同风格、背景、特点等；二是要熟悉不同历史时期、不同历史阶段的具体历史事实；三是要学会从文献学、语言学、考古学等角度，区分出不同历史时期文献资料的特点以及语言文字的发展规律等；四是还要掌握科学的研究方法。除此之外，要成为一名成功的历史学家，还需要具备一定的天赋以及追求真理的精神。恰白不仅具有扎实的西藏传统文化基础，社会阅历丰富，加之掌握了科学的研究方法，同时还具有孜孜不倦的学术研究精神和责任心，是经历两个时代两种社会制度的著名学者。在长期从事藏文古籍整理和撰写藏学论文的过程中，他充分认识到了历史资料研究的重要性，并透过纷繁复杂的史料记载或反映的史实、思想源流、文体风格等方面的考察，发现矛盾，推究真伪，找到信实可靠的史料。他以历史唯物主义的观点先后发表了《藏文古代史料举要》、《论西藏文化史上的偏见》、《论工布地区第穆摩崖石刻》以及《发展中的西藏史学》等多篇论文，都是史料考证工作中取得的代表性成果，这些成果的问世有力地推动了西藏历史资料研究事业的发展。

同时，在研究工作中，他始终以唯物史观为指导，本着实事求是的原则，尊重历史事实，具体问题具体分析，以可靠的史料为据，从正反两个方面科学地分析和评价了有关西藏古代历史研究方面的各种资料。一方面给予现存的历史文献古籍以很高的评价，指出："藏族是一个具有悠久历史的民族，从所记载古代传说来看已有数千年历史，即使从悉补野政权算起也有两千多年的历史。特别是自松赞干布以来以佛教史为主的王统史等大量文献史料中至今能见到许多这方面的记载。这些是研究西藏历史文化的重要参考文献，是世界其他地方所没有的无价之宝。"① 与此同时，他也尖锐地指出了传统文献资料中存在的各种缺陷或遗憾。

（1）神话与史实混合。恰白说："虽然历史上存在各种资料，这一点是可以肯定的，但现存的藏文古籍中，多数的史料价值并不高"②，大都以宗教传说为主，"是宗教神话与历史事实的一种混合"③。

（2）压制和排挤西藏自己的基本历史和文化。他说："与其他地方不同，佛教在西藏盛行了很长时间，深广的西藏宗教文化不仅成为目前藏学研究的主要内容之一，也是人类文明宝库中一颗璀璨的明珠，是西藏的骄傲。但从另一方面讲，在过去一千多年中，随着单一的佛教文化的发展，出现了严重压制和排挤西藏自己的基本历史和文化的现象。"④ 如"把所有西藏文化的根源都追溯到印度的观点目前依然存在，其结果是造

---

① 《藏文古代史料举要》，《恰白·次旦平措选集》，中国藏学出版社 1993 年版，第 195 ~ 221 页。

② 《藏文古代史料举要》，《恰白·次旦平措选集》，中国藏学出版社 1993 年版，第 195 ~ 221 页。

③ 《藏文古代史料举要》，《恰白·次旦平措选集》，中国藏学出版社 1993 年版，第 195 ~ 221 页。

④ 《论西藏文化史上的偏见》，《恰白·次旦平措选集》，中国藏学出版社 1993 年版，第 228 ~ 252 页。

成了好像西藏自己根本没有土生土长的本地文化的假象”[①]。

(3) 不注重石刻碑文等重要史料。他说：“具有一定参考价值的一些文献，也因教条偏见等原因，终把仅剩的一两本手抄本也压在浩瀚的宗教经典之中了。更为奇怪的是王统记和宗教史的作者从未注意过吐蕃时期遗留下来的石刻碑文等重要史料，没有把这些当作是有价值的历史参考资料，任凭风吹雨打，日晒雨淋，甚至有些石碑的下半截已经陷入地下，也没有人照看、阅读。”[②] 正因为这个原因，“西藏虽然有大量的历史文献资料，但对于许多古代重大历史事件，在当代学者中出现了无从考证的现象”[③]。

(4) 根据作者身份和名气判断史料的价值。他说：“过去的西藏学者在判断历史文献的可靠性时，主要是以作者是谁为依据的，如各种《柱间遗教》以及《玛尼全集》等被认为是松赞干布亲口所述；《杰协》被认为是赤松德赞亲口所述等。在很长的历史时期内，在考证吐蕃历史时，主要以作者的名气大小为依据，不管文献的内容是否符合历史事实，也不考虑语言发展的规律。”[④] 这种现象在过去西藏史学界比较普遍，影响很大。因此，我们要对“历代学者的作品，在条件允许的

---

① 《论西藏文化史上的偏见》，《恰白·次旦平措选集》，中国藏学出版社1993年版，第228～252页。

② 《论西藏历史研究与相关变化的回忆》，《恰白·次旦平措选集》，中国藏学出版社1993年版，第601～607页。

③ 《藏文古代史料举要》，《恰白·次旦平措选集》，中国藏学出版社1993年版，第195～221页。

④ 《再议〈西藏王统记〉的作者与著作年代》，《西藏研究》1993年第4期，第141～150页。

情况下，对年代等要进行必要的考证”①。恰白的总结既是对我们这些后辈学者的一种激励，同时也是对西藏历史文献特点较全面而科学的分析和评价。

3. 对史实的科学探究。史学是一门关于人类社会以往活动发展过程的学问，是描述人们的实践活动与实际发展过程的真正实证的科学。它阐述人类社会历史发展的真正过程，总结历史经验教训，发现人类社会历史的本质，揭示历史发展的客观规律。史学的基本任务是阐明历史发展的情形，从而获得历史的经验教训。可以说，以可靠资料为据，着眼于具有争议的众多重大历史事件，直面问题，为后人释疑解惑是历史研究者的重要使命。毛泽东曾说没有调查研究就没有发言权，因此，对任何事物的评价应当基于了解、熟悉该事物的基础之上，唯有如此才能对人物或事件作出全面准确的评价。恰白总结多年西藏历史研究的经验，从一名历史研究者的责任心出发，通俗而深刻地指出，在历史研究的过程中，“如果有可疑的地方，应该拿出事实根据，与人讨论和研究是很有必要的”②。相反，“如果就这样放着，不进行研究，会导致以讹传讹，最终使以后的研究者晕头转向，甚至走上歧途”③。并且会给别人留下“西藏的历史连藏族人自己也说不清楚”④ 的印象。不仅如此，

---

① 《藏文古代史料举要》，《恰白·次旦平措选集》，中国藏学出版社 1993 年版，第 195 ~ 221 页。

② 《再议〈西藏王统记〉的作者与著作年代》，《西藏研究》1993 年第 4 期，第 141 ~ 150 页。

③ 《藏文古代史料举要》，《恰白·次旦平措选集》，中国藏学出版社 1993 年版，第 195 ~ 221 页。

④ 《大昭寺史事述略》，《恰白·次旦平措选集》，中国藏学出版社 1993 年版，第 33 ~ 35 页。

由于缺乏对历史的了解，最终会“减弱民族的创新精神”[①]。特别是“目前，国内外正兴起一股藏学研究的热潮，我们进行历史研究的眼界开阔了，资料丰富了，人们的思想认识也提高了”[②]。要利用好这个有利的时机，再次强调了藏族历史学者应以高度的社会责任感抓住当前历史研究的机会。

恰白不仅要求我们直面问题，抓住时代的思维逻辑，潜心投入到研究工作中，而且，要勇敢地面对那些藏学研究中被认为是“难啃的骨头”的问题。对于西藏古代史，他说：“众多重大历史事件，由于学术表达方式的不同，社会意识形态各异，以及长期习惯所造成的影响等多种因素，致使在个别文献资料中存在极大混乱。如在藏族人的起源、悉补野王统世系的根源、吐蕃王统世系的存在状况、松赞干布的生卒年和历史功绩等许多问题上，史料记载互有参差，观点各异”[③]，因此，他先后发表了《考“悉补野”这一概念》、《聂赤赞普本是蕃人——悉补野世系起源考略》、《悉补野世系的算法》、《有关直贡赞普究竟有多少王子的问题》、《松赞干布的生卒年代》、《丹玛摩崖石刻是吐蕃哪个赞普时期所刻的问题》、《有关达磨乌东赞时灭佛的铁鸡年》和《大昭寺史事述略》等论文，对这些重大历史事件，以严谨的治学态度，进行了深入的研究。在《大昭寺史事述略》中，他运用早期历史文献多达30余种；其他学术论文中，也运用了许多早期文献古籍，同时结合

---

① 《论西藏文化史上的偏见》，《恰白·次旦平措选集》，中国藏学出版社1993年版，第228～252页。

② 《藏文古代史料举要》，《恰白·次旦平措选集》，中国藏学出版社1993年版，第195～221页。

③ 《藏文古代史料举要》，《恰白·次旦平措选集》，中国藏学出版社1993年版，第195～221页。

考古资料和吐蕃时期的石刻碑文等资料，运用现代先进的史学方法，进行了严谨、系统的研究分析，得出了许多有理有据、令人信服、经得住考验的结论。例如，他有力地批驳了聂赤赞普“天降人间说”、“南来说”、“东来说”等观点，证明了他就是吐蕃本地人；他还对天赤七王和二丁王的观点提出疑义，指出：直贡赞普为吐蕃第七代赞普，“二丁王”其实只有“一丁王”①；针对藏文文献中直贡赞普有三个儿子的说法，他以工布第穆摩崖石刻的内容和敦煌吐蕃历史文献等早期文献资料为依据，结合比较可靠的早期苯教文献资料，指出：“直贡赞普只有两个儿子，大儿子为聂赤，小儿子为夏赤。”② 并以唐代历史人物、唐蕃甥舅碑文以及早期文献为依据，针对松赞干布的出生年代问题，肯定了根敦群培的观点即公元617年的说法。此外，他严厉地批驳了古代文献中关于修建大昭寺的种种神话，指出大昭寺“是藏族古代建筑艺术水平的真实体现”③。他又通过对语言发展规律以及其内容的研究，指出《柱间遗教》和《玛尼遗教》并不是松赞干布时期的作品，而是11、12世纪所编写的“不能完全反映历史事实的属于宗教学范畴的”④ 文献资料等。恰白的研究成果代表了目前西藏历史研究方面的最高成就，开辟了研究西藏古代历史文献资料的一个新

① 《藏文古代史料举要》，《恰白·次旦平措选集》，中国藏学出版社1993年版，第195～221页。

② 《藏文古代史料举要》，《恰白·次旦平措选集》，中国藏学出版社1993年版，第195～221页。

③ 《大昭寺史事述略》，《恰白·次旦平措选集》，中国藏学出版社1993年版，第33～35页。

④ 《大昭寺史事述略》，《恰白·次旦平措选集》，中国藏学出版社1993年版，第33～35页。

时代。

恰白在西藏历史的认识问题上，始终认为自古以来西藏就是中国领土不可分割的一部分，批驳别有用心的言论，表现出学者应有的正直与勇气。20 世纪 60 年代西藏地方政府官员夏格巴在美国耶鲁大学做政治学访问学者期间，编写了《西藏政治史》（该书先用英语编写，后编译为藏文）一书，书中在引用各种藏文档案史料时，颇下了一番增减、删改、歪曲甚至杜撰的工夫，肆意歪曲西藏历史事实，篡改西藏重大历史事件的来龙去脉与本来面貌，以此鼓吹“西藏自古以来是独立国家”的谬论。20 世纪 70 年代，该书在美国出版英文版后，又在印度出版藏文版。由于该书是首部藏族人撰写且在国外出版发行的所谓“西藏史书”，因而具有极大的欺骗性，使得一般外国人以为书中所述就是真正的西藏政治史，导致以讹传讹，在外国读者中流传甚广、遗毒甚深。以恰白为首的“西藏自治区《西藏政治史》评注小组”在编写《夏格巴的〈西藏政治史〉与西藏历史的本来面目》一书的过程中，对夏格巴在其《西藏政治史》中引用的大量史料进行核对还原，用评注的形式条分缕析，指出了其中的欺诈和夏氏故意篡改的部分，还西藏历史以本来面目，对“西藏独立”的谬论给予了有力的批驳。正如自治区党委常委、自治区常务副主席吴英杰所说：“恰白是实至名归的藏学专家，始终坚持正确的学术方向，将自己的研究与维护祖国统一、民族团结、发展稳定的现实结合起来，将自己的所学所知所见毫无保留地记录下来，传诸后学，为国家和人民做出了重大贡献，为繁荣发展中国藏学、西藏自治区哲学社会科学，为传承弘扬藏族优秀传统文化，做出了公认的成就。”①

恰白的研究成果对于后辈学者来说，不仅是一份宝贵的精神财富，更重要的是为我们指明了科学的研究途径，树立了学习的榜样。即是说，他的成果对于年轻学者来说，已经超出其具体的研究结论，重在对于今后如何从事藏学研究具有很大的启示意义。在研究工作的指导思想上，他敢于冲破宗教唯心主义的种种束缚，说出别人不会说、不愿说、不敢说的话，指出把西藏历史研究“引向以历史唯物主义和社会历史发展规律为基础的正确道路”②。对于历史文献资料的评价，他本着科学的态度指出，“在分析有不同观点的文献资料时，不能以它的名气大小、卷宗多少、过去对于学术的影响大小等为依据，而是要以是否符合真实的历史事实为依据”③。再三告诫我们，一定要将是不是符合历史事实作为最基本的原则，指出“我们西藏的历史文献，如各种王统记、宗教史、苯教古籍、人物传记、家族史以及其他资料等，只要没有教条偏见，内容能真实反映当时的历史事实，资料翔实可靠，事实叙述清楚，那就不管这个文献资料过去的名气如何，卷数多少，也不管作者是谁，都应看作是历史研究的重要资料”④。针对历史研究的重要意义，他指出过去的历史研究都是以“通过宣传宗教思想，

---

① 《藏文古代史料举要》，《恰白·次旦平措选集》，中国藏学出版社 1993 年版，第 195～221 页。

② 《论西藏历史研究与相关变化的回忆》，《恰白·次旦平措选集》，中国藏学出版社 1993 年版，第 601～607 页。

③ 《藏文古代史料举要》，《恰白·次旦平措选集》，中国藏学出版社 1993 年版，第 195～221 页。

④ 《藏文古代史料举要》，《恰白·次旦平措选集》，中国藏学出版社 1993 年版，第 195～221 页。

达到控制人们思想和发展各教派以及家族领地为目的”[1] 的。

特别值得一提的是，恰白非常关心藏学研究人才的培养问题，非常关心年轻学者的成长，经常勉励后辈学者，诲人不倦。他指出“愿意学习和研究西藏历史文化的年轻学者，首先要认真学习西藏的语言文字，这是非常重要的。如果做不到这一点，别说是研究西藏历史文化，就连学习了解西藏文化都很困难。所以，要研究西藏历史文化，先要打好扎实的语言基础。目前国内外有许多藏学研究者，但西藏始终是藏学的故乡，各种条件非常有利于我们的研究，希望大家在这些方面做出更多的努力”[2]。恰白严于律己、不骄不躁、谦虚谨慎、敢于突破的治学态度和精神值得我们学习，可以说他不仅为我们树立了榜样，指明了道路，也用实际行动鼓励和教育了后学。

四、进步的史学观

恰白·次旦平措经历了新旧两个不同时代，见证了两种不同的社会制度，如此经历使他的胸襟在时代前进中更加宽阔，思想在时代的碰撞中更加豁达。恰白·次旦平措专门从事西藏史学研究已是暮年，此时的他除了有着扎实的传统藏学基础外，还有着对世事的洞然。

因为治学严谨的恰白力求客观公正，还历史以真实，所以，他认为史家的首要任务就是对史料的考证和整理，用包含

---

① 《论西藏历史研究与相关变化的回忆》，《恰白·次旦平措选集》，中国藏学出版社 1993 年版，第 601 ~ 607 页。

② 《访著名学者恰白·次旦平措》，《西藏大学学报》2005 年第 1 期。

在史料中的事实本身说话，故而在研究方法层面上更强调原始资料和多种文献资料相结合，这一点在他学术生涯前期从事搜集整理古典藏文文献的工作中得到了很好的体现。然而，我们之所以赞誉恰白为我国当代著名的藏族史学家，不仅仅因为他主持搜集整理了很多古典藏文文献，也不仅仅在于他从事学术研究的近三十年间陆续发表了百余篇各类学术文章以及反映新西藏翻天覆地变化的诗歌、小说等文学作品，而是在于他能够在学术研究中形成一套自有的并对今后西藏史学研究产生深远影响的学术理论和思想。

历史是有延续性的。在传统与现实环境的双重背景下，一个民族历史文化的保护和前进发展，除了需要对过去传统进行继承和保护外，还需要有一批知识分子能对自己本民族的历史文化进行深刻反思。无疑，恰白是深爱自己本民族文化和历史的，从《聂赤赞普本是蕃人——悉补野世系起源考略》等论文中就不难看出这一点。该文通过对大量可靠的文史资料进行严格的分析和考证，逐一批驳各种错误论点后得出“吐蕃王族祖先聂赤赞普来自波沃地区，也就是说他是吐蕃人，而非外来者”[①] 这一更具说服力的论断，体现了他在史学研究中坚持不盲从、不迷信、敢于突破、不囿于传统的精神。他这种对西藏历史所作的客观、理性探索，正是出于对西藏传统文化的崇高热爱和高度使命感。

西藏传统史学和文化在发展过程中，必然要与各种文化接触碰撞，尤其是在多元文化共存的今天，西藏传统文化如何在

---

① 《聂赤赞普本是蕃人——悉补野世系起源考》，《西藏研究》1986 年第 4 期；敏学译文，《西藏研究》1987 年第 1 期。

一个开放的西藏现实中更好地继承、保护和发展，就此恰白进行了新的思考和探索。他重新审视西藏历史，不迷信权威，大胆提出自己的质疑。这一点在他1979年应邀出席拉萨市举行的关于大昭寺历史的讨论会上，宣读《大昭寺史事述略》一文中就已经证明。

同时，作为西藏历史学家，恰白在建立民族认同方面也有不同于以往史学家的看法和认识（尽管这些史学家的著述中已经或多或少、自觉不自觉地对西藏地方与国家中央政府的隶属关系有所体现），因此在其西藏史学研究过程中，明确地抛弃了传统的以西藏为中心的狭隘的封闭历史观，站在了一个前人乃至同时代人无法企及的高度看待西藏历史，摒弃了西藏历史研究中仅限于把西藏历史作为一个孤立的研究对象的种种弊端，把西藏历史放在整个中华历史的进程中加以考察，形成了比较全面的、进步的史学观，即西藏历史不仅仅是西藏这一地域的历史，更是构成中国历史的重要部分，因而恰白能够站在中华民族的高度对西藏历史做了一个全面、系统的梳理。

他的许多论著都表达了决心要冲出西藏传统史学观和思想的牢笼，达到学术的独立和思想的解放，从而正确地认识西藏历史文化以及西藏历史文化与整个中华民族历史文化的关系，以便表明西藏历史文化及学术精神能够通过消化和吸收中华民族历史文化和精神从而更好地得到保护和发展，因而在其诸多论著中，处处可见他在力证西藏地方自古以来与中央的关系、藏族与其他民族的交流融合方面所下的工夫。以恰白主编的《西藏简明通史》为例，无论其内容、框架、方法还是思想高度，都对历史研究产生了深远影响，可以说是西藏史学研究领域的一座空前的高峰。

《西藏简明通史》思路清晰、框架结构完整、章节安排科学合理，使读者对西藏远古以来的历史发展脉络有了更加清晰的认识。该书引用大量翔实可靠以及非常珍贵的文献资料，从而增强了历史可信度和说服力。此外，这部著作之所以给人以恢宏、大气的感觉，除了时间跨度大、涵盖领域广、详细深入地阐述了西藏各个时期发生的重大历史事件和重要人物等原因外，还因为书中引用了自松赞干布一直到近现代的历史中关于藏族与周边兄弟民族尤其是汉族之间的友好交往，西藏地方与历代中央政府隶属关系的大量而真实的史料，字里行间洋溢着中华民族各民族间的友好情谊。通过阅读《西藏简明通史》，有助于我们更加全面、深入、系统地了解和理解西藏，尤其是西藏与历代中央政府的关系以及其中发生的重要历史事件、藏族与汉、蒙古等兄弟民族之间友好往来的历史。

汉藏民族之间正式建立亲密友好关系，可以追溯到文成公主进藏时期（当然两个民族之间的亲密关系在之前更早的时候便已存在，关于这点恰白在《以友好为主流的唐蕃关系》一文中曾专门论及，此处不再赘述）。恰白等人在《西藏简明通史》中使用了大量可靠史料，对文成公主进藏过程、到达拉萨后的迎接盛况，以及后来修建大小昭寺等为汉藏友好交流做出的种种贡献进行了详细阐述。他认为“吐蕃使臣经过多种磨难，最终将唐文成公主迎娶到吐蕃做王妃”这一说法，是“通过浪漫的艺术手法表现历史，赞扬美丽的文成公主……反映了藏族人民对唐蕃友好关系的热爱和珍惜”[1]，而藏

---

① 恰白·次旦平措、诺章·吴坚、平措次仁等著，陈庆英、格桑益西、何宗英、许得存译：《西藏简明通史——松石宝串》，西藏藏文古籍出版社 2004 年版，第 91 页。

族民间流传的关于文成公主在吐蕃推广农业技术、修建水磨等动人故事，表现了“藏汉两个民族源远流长的友好关系，为实现祖国统一奠定了基础。这也是松赞干布所作出的伟大事业的一部分”①。

金城公主进藏，则在此基础上使唐蕃之间的友好关系变得更为亲密。恰白认为唐蕃之间的友好关系并不仅仅是两个相邻的民族间的经济文化交流，而是建立在一种民族间彼此相互认同的基础上。他在《西藏简明通史》中，专门引用了吐蕃时期立于大昭寺门前的《唐蕃会盟碑》碑文的一段文字，说明“吐蕃与天竺、大食、突厥三国之间的特殊关系，似乎三国国王俯首听命于赞普”②，而唐蕃关系合社稷如一，“从文成公主进藏到立碑，唐蕃之间已有近二百年的亲密关系，记载这段历史的石碑现在仍然耸立于大昭寺前，反映了唐蕃之间建立起来的不同于其他邻邦的特殊关系，而且这种关系能够世代保持下去”③。

2008 年 4 月，恰白在接受《西藏日报》记者就西藏自古以来是中国领土不可分割的一部分等问题专访时，明确表示：“西藏在历史上从来就没有真正成为过一个独立的国家”，并

① 恰白·次旦平措、诺章·吴坚、平措次仁等著，陈庆英、格桑益西、何宗英、许得存译：《西藏简明通史——松石宝串》，西藏藏文古籍出版社 2004 年版，第 107 页。

② 恰白·次旦平措、诺章·吴坚、平措次仁等著，陈庆英、格桑益西、何宗英、许得存译：《西藏简明通史——松石宝串》，西藏藏文古籍出版社 2004 年版，第 104 页。

③ 恰白·次旦平措、诺章·吴坚、平措次仁等著，陈庆英、格桑益西、何宗英、许得存译：《西藏简明通史——松石宝串》，西藏藏文古籍出版社 2004 年版，第 104 页。

引用自己编修的《根敦群培著作集之三》（藏文版）第 275 页至 276 页中的一段话，说："这一段历史记载说明，藏王松赞干布都认为既然日月照耀下的地方都统一到唐王统治下，那么当时的吐蕃也在日月之下，归属于唐王统治是毋庸置疑的。此外，从历史研究的角度看，这段记载是松赞干布亲笔信里的内容，更加有可信度。……历史上松赞干布时期，是西藏在政治、经济、军事、文化各个方面都最为强盛的时期，即使这样，当时的西藏也不是一个独立的国家，藏王松赞干布也只是作为当时一个吐蕃地方的小王归顺于唐朝的皇帝。在此之后的历史上，就更谈不上西藏是独立的国家。"进一步解释了唐蕃之间存在着不同于其他邻邦的特殊关系的原因是，"当时的吐蕃是唐王朝管辖下的属地"，把中央政府对西藏地方的管辖时间往前推到了吐蕃时期，对《西藏简明通史》中相关论述作了必要的补充。由此还可以说明，恰白从不满足自己的已有研究成果，活到老、学到老，不断深入研究。

自松赞干布开创唐蕃正式友好关系以来，吐蕃历代赞普为增强唐蕃友好关系做出了和亲、互派友好使臣等各种努力，恰白对此在《西藏简明通史》中一一进行了阐述。金城公主进藏是唐蕃友好关系史上又一大事，关于其进藏的时间及所嫁之人，在一些史书如《汉藏史籍——贤者所喜》中有不同的说法。对此，他除了引用《西藏王统记》、《红史》等藏文史料外，还引用了《敦煌本吐蕃历史文书》、《新唐书》加以佐证，并参照吐蕃赞普时期所刻的碑文、摩崖石刻等古代史料和《长庆会盟碑》碑文严密考证了金城公主进藏的具体时间，澄清了有关这方面的误传。通过这些细节，足见他在研究唐蕃关系史上的严谨治学态度。

恰白·次旦平措还研究了吐蕃时期汉藏民族间经济、文化、医学、建筑等方面的交流，如他曾在研究中多次引用《汉藏史集·贤者所喜》中关于都松芒布杰时期从祖国内地引进茶叶和制陶技术的史事，认为“古代这些故事，不仅反映了吐蕃茶叶及碗来自汉地，同时也说明了两个民族之间一千三百年的政治、生活、工艺等方面的深厚关系”①。他还采纳其他学者关于唐朝时期长安流行的马球运动源自吐蕃的观点。如他在《西藏简明通史》中，介绍当时赞普派往长安学习汉文的吐蕃青年，把具有藏族特色的马球技术从吐蕃传入长安，从而说明汉藏民族间的友好往来是互动的。

不仅如此，关于佛教传入西藏的问题，由于古印度大陆是佛教创始人释迦牟尼的诞生地以及佛教的创始地，所以在西藏以往的史书中，一些僧人大德为维护藏传佛教在西藏的主导地位，巩固西藏政教合一的政治制度及教权，通常片面地宣称藏传佛教的源头在古印度，而忽略了中原地区佛教传播对西藏的影响。恰白在《西藏简明通史》中，认为唐朝对吐蕃佛教传入的影响和贡献，不仅仅在于文成公主带进的佛像和主持修建拉萨大昭寺等佛殿，“文成公主再次根据汉历观测法，仔细观察，发现雪域西藏的地形如一女魔仰卧，卧塘湖（今大昭寺所在地）是女魔的心脏，为恶趣之门，若要镇之，须得建佛殿。……同时，文成公主从唐朝召进大批懂技术的工匠，修建

① 恰白·次旦平措、诺章·吴坚、平措次仁等著，陈庆英、格桑益西、何宗英、许得存译：《西藏简明通史——松石宝串》，西藏藏文古籍出版社 2004 年版，第 126 页。

了小昭寺”[①]。松赞干布时期，汉地和尚摩诃德瓦切还与吞弥·桑布扎、达玛国师、拉隆多杰贝等人合作翻译佛教经典。恰白在《西藏简明通史》中还引用了《布顿教法史——大宝藏论》中“松赞干布请求大唐皇帝在山西五台山修建一座吐蕃佛殿，以作为汉藏之间佛教交流的基地等”内容，以此表达唐朝对吐蕃佛教传播的影响。此外，他还讲述了金城公主在吐蕃组织人力翻译了多部佛典，指出赤松德赞时期为在吐蕃传播佛法，曾任命巴·赛囊为教法堪布到长安取佛经、请汉僧译师进行汉文佛经的翻译，以此证明唐朝时期内地佛教对西藏佛教的确立与传播有着相当的影响。

恰白按照西藏历史发展的脉络，以编年体的体例阐述了西藏地方与历代中央政府的关系，如萨迦地方政权与元朝中央政府的关系、帕木竹巴地方政权与明朝中央政府的关系、甘丹颇章地方政权与清朝中央政府的关系，以及此后与国民政府的关系、西藏人民在中国共产党的领导下获得新生的历史。如，元朝中央政府授权萨迦政权管理西藏、对萨迦地方政权封官赐印、在西藏的驻军、三次清查户口，明朝对西藏地方事务的管理、对西藏各教派高僧实行“多封众建”的政策，五世达赖喇嘛被清朝中央政府授予封号、朝觐清朝皇帝、乾隆皇帝确定七世达赖喇嘛领导西藏噶厦的体制、规定达赖等大活佛转世认定实行金瓶掣签，以及《钦定藏内善后章程十三条》、《藏内善后章程二十九条》的制定等诸多历史史实，有力地说明了西藏地方与中央政府之间的隶属关系。平息准噶尔叛乱、中央

① 恰白·次旦平措、诺章·吴坚、平措次仁等著，陈庆英、格桑益西、何宗英、许得存译：《西藏简明通史——松石宝串》，西藏藏文古籍出版社 2004 年版，第 94 页。

政府军与西藏当地军队联合作战驱逐廓尔喀出藏、抗击英国侵略军等历史事件，一方面体现了中央政府管辖西藏的主权，另一方面也反映了汉藏人民联合抗敌、巩固祖国西南边疆的兄弟情谊。因此，可以说《西藏简明通史》不仅是西藏地方史，还是藏族与周边兄弟民族尤其是与汉族的友好交流史，更是西藏地方与历代中央政权的关系史。

此外，恰白关于西藏历史方面的论文，如《明朝对西藏高僧的封授》、《噶玛噶举派红帽系活佛停止转世始末》，《以友好为主流的唐蕃关系》等，也体现了西藏历史是中国历史的一部分的思想。如他在《以友好为主流的唐蕃关系》一文中，引用了西藏史书《汉藏史集——贤者所喜》中关于藏族起源的记载："还有一种说法认为，外部四矮人族是邦普的齐瓦、工迴的青蛙、猿及猴。内四矮人族是吉祥汉、金相蒙、卡列门和悉补野藏"，"混沌初始，在玛卡秀雅库尔的孔喀地方，有轮回王汀戈，他有三子，分化为汉、藏、蒙三族……"认为"这里所说汉族、藏族、蒙古族是从一个族系分化而来的情况，其实基本上是从远古流传下来的说法，但却充分反映了藏民族与中原地区各民族之间，从远古开始便有了联系"①，说明中华各民族间的亲谊关系历史悠久，中华民族是自远古以来包括藏族在内的各民族共同创造的，西藏自古以来是中国的一部分。因此，西藏历史既具有本身特点，同时又是中国历史不可或缺的重要组成部分。恰白把唐蕃关系主流定位为友好，显现了他研究历史不是采取割裂历史的方法武断地下结论，而

① 恰白·次旦平措：《以友好为主流的唐蕃关系》，《恰白·次旦平措学术论文汉译集》，西藏藏文古籍出版社、中国藏学出版社出版2007年版，第180页。

是从整个唐蕃关系发展及其后西藏地方与历代中央政权的关系得出“友好”这一结论，由此可见其开放思维迎来的进步的历史观。

恰白·次旦平措提出的“汉藏同源”说，也反映了他学术研究胸襟非常开阔。正是他这种开放性思维，使他的研究领域并非仅仅局限于西藏地区和藏族，而是放眼中国和中华民族，但这些毫不影响他的藏族情结。通过他的学术作品，我们不难发现恰白非常关切藏族历史和传统文化在现代化进程中如何更好地发展以及在中华民族历史文化中所扮演的角色，非常强调西藏历史文化本身固有的个性以及西藏传统文化的继承和保护。正因为这份责任，他才会对此有着比他人更多的思考和探索。通过对西藏历史文化的深刻反思，他注意到本民族文化在不同历史阶段对其他民族文化的吸纳和消化，从而更加注重通过客观的研究把西藏历史与中华民族历史当作一个有机的整体来认识和理解。

第五章　科学的研究方法

第一节　实证研究

实证主义是一个以实证科学作为哲学基础的哲学流派，也是现代西方哲学中所谓科学主义哲学思潮中最早的流派。19世纪30年代出现于法国，40年代流布于英国，主要代表人物是法国哲学家孔德，英国哲学家穆勒和斯宾塞。

实证主义思想是在19世纪伴随自然科学的迅猛发展，由首次提出“社会学”一词的著名哲学家孔德（1798～1857）提出以实证主义哲学为基础的一种社会思潮，认为人类所有的思辨都经历了三个不同的理论阶段，即神学阶段、形而上学阶段和实证阶段，而实证阶段是理性的科学阶段。“实证”意味着真实、有用、肯定和精确。其后实证主义思想在英、法史学家的倡导下被用于史学研究，具有代表性的实证主义史学家有英国的巴克尔（1821～1862）、法国的泰纳（1828～1893）、古朗治（1830～1889）等人。他们大都具备众多自然学科如数学、物理、医学、生物学、化学等方面的知识背景。实证主义史学家们的特征是在历史研究中运用心理分析，关注事物之间的有机联系，将历史当作一个整体进行研究，试图揭示隐藏在历史活动背后的规律等。但是，他们混淆了人类社会与自然界的区别，无视社会历史发展自身的特点，离开了人的社会实践、人的主观能动性来考察历史，将社会历史现象简单地等同于自然化、公式化。

传统的宗教和思辨唯心主义显然无法做到以史为鉴，明辨是非，真实反映藏族千年历史的发展演变。“有的人对藏族历史道听途说、浮光掠影、真伪莫辨。有的人则出于某种政治目的移花接木、偷天换日、蛊惑人心”①。因“我执或自我中心”而利用狭隘的研究方法，从而导致藏族历史扑朔迷离，无法客观、真实地告诉人们西藏地区社会发展演变的历史规律。

恰白·次旦平措根据时代的发展，以新的形式，力图排除宗教神学史观对科学的干预，期望从传统藏族思辨和抽象思维的桎梏中解脱出来。

19 世纪末 20 世纪初，实证主义史学发展到以兰克史学的考证方法与实证主义史学确定史实的第一阶段结合起来的产物这一阶段，即要求历史学家在考证史实的真实性之后，将他们联系成一个过程。恰白在编写《西藏简明通史》的过程中就体现了这种历史研究思路与方法，他在总结该书特色时曾说：“第一，这是一部较为完整的通史性著作。我所说的完整是指，如果用人来比喻的话，以前的众多西藏史著只能算是一个胚胎，现在它已初具人的雏形，有头有四肢。至于其五官以及

① 恰白·次旦平措、诺章·吴坚、平措次仁等著，陈庆英、格桑益西、何宗英、许得存译：《西藏简明通史——松石宝串》，西藏藏文古籍出版社 2004 年版，前言。

头发、指（趾）甲等方面的形成就有待于后人了。因此，我曾要求汉译本的书名务必要使用‘简明’二字。第二，这部书与史实相符。主要是因为我们剥掉了西藏历史的神话外衣，还历史以真面目。以前很多西藏宗教源流、教派史等史书具有浓厚的宗教色彩，这因当时的历史局限性而无可厚非。但如今研究历史时，就不能把自己的宗教信仰当作衡量历史的天平。虽然西藏历史离不开宗教，但历史不能等同于宗教史。最好用唯物辩证法的眼光去看待和认识。第三，我们所引用的资料是以藏文原始文献为依据，为证明某些问题我们原原本本地引用了大量以前很难公之于众的珍贵的原始资料，而夏格巴在引用文献资料时总是以掐头去尾的手法来掩盖历史事实……”①

恰白从藏族传统学科知识体系中走出来，有着特殊阅历和见解，其对藏族历史研究的视野与触觉，早已在无形中接受了生物进化论的观点与方法。历史学家的职业本应是纠正自我中心的一种尝试。尽管我们必须要富有同情心地分担祖先的情感，但有些传统的教条化的模式确实制约了藏族历史学家的思维。所以，复古的、幼稚的、浅薄的标本化的陈词滥调必须终止。

基于此，恰白·次旦平措对西藏史学研究中存在的弊端，主要归纳为如下几个方面：知识浅陋，误释古藏文文字；将神话故事、民间传说当作史实；没有尊重和分析研究苯教史料。

鉴于研究古代藏族历史的佛教史书如《布顿佛教史》、《青史》在纪年方面多有疑问，且有许多关于神鬼奇谈的记

---

① 亚东·达瓦次仁：《藏族耆宿 史海钩沉——访著名藏族学者恰白·次旦平措》，《西藏大学学报》2005年第1期。

载，所以要考证其真实性必须以汉文史料为佐证。恰白在肯定汉文文献对塞外、吐蕃记载可靠性的同时，亦指出汉文文献在细节上也存有错误，应进行更正。他批评某些藏族史学家用评价当代人的文字和理念来描写或苛求古人，甚至将古人生拉硬扯到自己的社会环境当中；强调藏族史学应通过自我超越达到自我纠正，但不能因过多的自我纠正而迷失自我本性；指责御用史家不顾历史事实，相反还随意剪裁历史。统一的吐蕃是唐代塞外史上最为活跃的民族政权，与唐王朝有着密切的关系，所以，唐代以来的各种文献保存了大量唐蕃交往的珍贵史料，如《新旧唐书》、《册府元龟》、《资治通鉴》等汉文史料就有与之相关的大量可靠的记录。

19 世纪下半叶英国实证主义的最杰出代表赫伯特·斯宾塞（1820～1903）在普遍进化学说中，反对停滞和守旧，主张发展和进步。但是，恰白·次旦平措按他本人认识和理解的进化论观点，以及类似于实证主义哲学的观点，对它们作出了新的解释。他以广博的知识和超前的思维，体现了科学的进步在对某些特殊的、具体事物的解释上逐渐取代了宗教，动摇了传统的泛神论与神学历史观。这主要表现在如下几个方面：

首先，“我们要避免一听说是非人所为，就把它当成纯粹的神话弃之一旁而不屑加以深入研究”①。英国实证主义的早期代表约翰·斯图亚特·穆勒（1806～1873），曾将自己的哲学同以德国古典唯心主义为代表的思辨哲学对立起来。恰白·次旦平措摆脱了主观唯心主义的经验论和不可知论的束缚。如他认为藏文字的创制绝非一人一时之作，而是经历了相当长的

① 《西藏简明通史——松石宝串》，1991 年版，第 2 页。

一个历史过程，如果吞弥·桑布扎创制了藏文字，至多只能说是他在已有文字的基础上为藏文字的规范化作出了巨大贡献。

第二节　历史批判主义

一个国家或一个民族，如果它的思维、观念以及自身固有的传统文化变革、批判继承、改造等方面落后于时代发展的脚步，永远停留在过去，禁锢于过去的思维，那么，这个国家，这个民族就永远都会落后于时代，这是不以人的意志为转移的客观现实。

近100多年来，所有的东方民族都面临着西方文明、科技变革、全球化、人文主义等思潮的冲击。当时的西藏社会在一定程度上也经受着各种变革的影响。有些上层有识之士也认识到了传统社会存在的问题，所以提出了改革的要求。比如，晚清张荫棠的改革、联豫的新政以及后来十三世达赖喇嘛提出的一系列新政措施等。虽然这些改革措施在一定程度上促进了近代西藏社会的进步与发展，但因种种条件的制约与束缚，这些自上而下进行的社会革新最终都以失败而告终了。

但这种失败是一时的。认同和支持社会变革及进步的有识之士，仍在寻求着进步的方向。众所周知，在西藏近代史上，根敦群培就是不逃避现实、敢于承担责任的一位思想家。他作为一名哲人不仅带来了新的文化思维，且对西藏传统文化注入了新的生命力。他的学术思想至今仍服务于整个民族社会的发展、服务于整个藏学事业的发展。“他作为一位西藏近代史上的奇人，对西藏历史的一些阐释，对西藏现实所发表的一些见解，特别是他所撰写的一些被当时西藏地方统治者视为大逆不道的论文，闪烁着西藏近代人文主义的光辉，而且已经萌发了藏族思想史上自觉的朴素唯物主义观点"①。可见，根敦群培在西藏史学研究方面的贡献是巨大而深远的。

"在西藏近现代思想史上，如果说根敦群培是划破夜空的一道闪电，那么，恰白次旦平措就是黎明时的朝霞。二者都是研究西藏历史方面有独自见解的新思路的开拓者"（摘自孙勇在课题组的讲话）。恰白承前启后，很好地继承和发扬了前者的史学思想，与其一脉相承。我们分析恰白的学术生涯时不难发现，他曾经拜读过根敦群培的很多著作，对其怀有深厚的钦佩之情，在治学方法、考释问题、思路等方面受其人文主义和近代新史学方法的影响较深。但是，恰白经历了新旧两个不同的社会制度，见证了两种社会的不同发展模式，从某种程度上受到了辩证唯物主义和历史唯物主义的影响，改变了传统的思维方式及认识观念，所以，他对传统的反思与批判的态度显得更加彻底。

恰白作为西藏和平解放后的著名史学研究者，于上世纪80年代发表的《大昭寺史事述略》一文在学界引起了强烈反响。该文主要从两方面进行阐释：一是考证了大昭寺由谁为何而建的问题，提出大昭寺是松赞干布为建立传播佛教的基地而修建，肯定了作为历史主体的广大人民群众在建造大昭寺中的主导作用，同时也肯定了文成公主和赤尊公主对此作出的贡献。二是分析批判了大昭寺修建缘由的种种"神话"，并对该

---

① 《恰白·次旦平措学术论文汉译集》（藏文）西藏藏文古籍出版社、中国藏学出版社2007年版，第2~3页。

类神话故事的源头《柱间遗教》一书的可信度提出了质疑，且一针见血地指出了西藏传统神学史观的理论依据的来源，揭开了神话背后的真实历史。他说，对“历史文献中存有疑问的地方应该进行质疑，但提出疑问的最终目的，是为了使疑问能够得到更加有效的解决而不是让人们重新陷入疑团的僵局中出不来。这是毫无疑问的”[①]。这番话充分说明了他对待学术研究的那种实事求是、批判继承、精益求精、一丝不苟的治学态度和精神。直到今天，他仍是敢于公开、明确、切中要害地批判《柱间遗教》之类“伏藏”伪书的圈内第一人，铮铮风骨令人折服。面对保守派及复古主义者的反对声毫不退缩，他从不妥协，为西藏史学界树立了实事求是的治学精神及敢于向守旧派观念提出质疑和挑战的典范。

在吐蕃史研究上，聂赤赞普的出身是直接关系到吐蕃赞普族系源自何处的一个重大课题，如果这个问题无法说清楚，证明吐蕃历史研究还未走出历史的误区。恰白在《聂赤赞普本是蕃人——悉补野世系起源考》一文中，逐一辨析了吐蕃王族来源的几种流行说法，如“天神下凡为人主说”、“印度释迦王族一个子弟流浪至藏为王说”、“从汉地逃来之樊尼说”等，明确提出了聂赤赞普既不是从天上降到人间的一个神，也不是从其他地方来到西藏的一个王，而是西藏土生土长的吐蕃人。至此，揭开了神话掩盖下的悬而未决的吐蕃赞普族系之谜，使史学界对吐蕃历史的源头、历代赞普排序以及年代推算有了更加明确的认识，开拓了藏族学者对待传统史学的一个新思路，大大推动了吐蕃族源史研究的步伐。

---

① 《恰白·次旦平措作品集》，中国藏学出版社 1993 年版，第 49 页。

西藏传统史学虽不乏经典之作，但自佛教后弘期以来出现的“佛教源流”、“高僧传”、“王统记”等体例的史著大多都出自佛教徒史家之手，拘泥于个人信仰与宗教的偏见，导致每一节历史的记载都染有浓厚的神学色彩，因此给后人客观认识和研究西藏历史带来了很大的难度。正如恰白所说：由于佛教史家在著史过程中，带着主观意图随意删改西藏本土流传的众多民间故事、神话故事，取而代之的是印度婆罗门的故事，并对其进行改头换面，以此来解释西藏的历史，从而将西藏的历史弄得面目全非，头绪难辨，给研究工作带来了很大困难。因此，在选择史料上，他指出：“一个先决条件是，起初凡是进入参考资料范围之内的书，在最起码平等看待所有史料的基础上，以实事求是的态度正确且科学地分析这些史料。”[①] 他还时常对后辈研究人员说：“考察历史文献资料时，应避开自身的信仰与好恶的左右，主要考证这些史料是否真实体现当时的历史事实。”他真诚地希望藏学界的同仁们在藏学研究过程中，坚决摒弃因宗派之见导致相互之间进行无端指责的极端做法，提倡弘扬正气，追求真理，团结互助，协同进步，呼吁为形成和谐融洽的学术氛围而共同努力。从中可见，他对传统史学思想的内容、特点等方面都有了准确的把握与定位，并在史料问题上坚持科学扬弃的态度。正是基于这样的治学理念，恰白的学术思想处处体现着一种永无止境的探索精神和不断攀登新高峰、揭示真谛的崇高学术精神。

《西藏简明通史》作为一部当代西藏史学界标志性的史学

---

① 《恰白·次旦平措学术论文集》（上册），西藏藏文古籍出版社、中国藏学出版社 2007 年版，第 5 页。

著作，体现了恰白的整体史学思想。“该书引用了一百多部古代藏文史籍，可以说是现代人写的西藏历史书籍中引用藏文史料最为丰富的一部。该书作者对于藏文史料进行比较全面的把握，运用了许多不为外人所熟悉的手抄著作，比较全面地反映了藏族社会的历史变迁，被认为是当代西藏历史研究的突出成果”①。从该书的撰写体例来看，它彻底打破了以往佛教史家侧重以广传佛法为主线撰写历史的思维和以种种神话故事和附会之说掩盖历史事实的神学史学观，而是以唯物史观作为治史的指导思想，以实事求是的科学态度撰述西藏历史，开创了藏族史学研究者以社会发展史作为主线研究西藏历史的先河，是西藏史学研究史上的一个里程碑。“《西藏简明通史——松石宝串》和以前的许多藏族历史名著一样，以藏文为自己的文字载体，用流畅的藏文来进行写作，因而和藏文历史名著在语言造词和行文风格上保持了显著的连续性，保持了藏族传统史学名著的民族特色和本土特色，因而它和这些藏族传统史学具有强烈的亲缘性和继承性，这是《西藏简明通史——松石宝串》一个显然存在但是往往容易被人忽略的基本特点”②。高度评价了恰白对传统史学思想真正做到了“科学扬弃，批判继承”。

任何从事学术研究的人，如若缺乏对所涉研究领域的质疑和批判精神，就只能永远跟在别人后面，人云亦云、鹦鹉学舌，虚度时光，不要说学术的创新，也永远无法接近事情的真

---

① 《恰白·次旦平措学术论文集》（上册），西藏藏文古籍出版社、中国藏学出版社2007年版，第5页。

② 《恰白·次旦平措学术论文集》（上册），西藏藏文古籍出版社、中国藏学出版社2007年版，第225页。

相。西藏大多数传统学者缺乏的往往就是这种精神。比如：面对前辈高僧大德的诸多“如是说”，不加任何思索地把它视为真理来对待；或有些人对一些观点产生某种怀疑的念头，即被视作一种大不敬和破坏佛法的罪孽行为。面对别人寻根刨底的追问无法回答时，便说：“这是上师或前辈的另一种所图也”，对所涉问题之根本采取避而远之的态度。然而，恰白视先贤智慧家们为自己的榜样，身体力行，取长补短，为我所用，但他从不迷信古人，不盲从道听途说，而是通过自己的实践对西藏历史文化的诸问题进行理性分析，去伪存真，始终坚持实事求是的治学态度，努力将多种新的研究方法运用到自己的研究中，从而得出符合实际的客观结论。可以说，在他的身上处处体现着一种敢于批判和不断创新的学术精神。

在历史唯物主义史学理论中，社会历史分期和社会性质的研究占有非常重要的地位，是整体推动史学研究的必要前提。如何认识古代西藏历史分期与社会性质是研究吐蕃历史的一个非常重要的环节，但到目前为止，史学界对此众说纷纭，莫衷一是。以前，有些学者曾提出了西藏社会从聂赤赞普时期才开始缓慢步入奴隶制社会的观点；也有学者依据某些赞普的名字中留有母亲名字的痕迹而做出聂赤赞普时期西藏处于母系社会的结论。恰白并未受到上述两种观点的束缚，坚持论从史出，在《西藏简明通史》中，依据《敦煌文献》关于这方面的记载，提出了西藏古代社会从十二小邦时代已进入奴隶制社会的观点。这一观点，就西藏何时进入奴隶制社会进行再次探讨，由此引发了学界关于西藏古代社会历史分期和社会性质的探讨，为进一步研究该问题提供了新的思路与视角。

在西藏古代教育起源问题上，一种观点认为，赤松德赞创建桑耶寺应被视作西藏古代教育的开端，并且这一观点长期在藏学界占据绝对主导地位，几乎没有人敢于对此提出疑义，但恰白依据新出土的古文献《兄弟教诲录》写卷本，考究文体文风，考证成书年代，从中挖掘有关西藏古代民间教育的史料，阐述了佛教化的社会制度未出现之前，以本土文化为基础而形成的世俗道德观念及其教育理念的丰富思想内涵，从而提出了西藏古代教育的发端远远早于赤松德赞时期的结论。

可以说，他之所以在学术研究上取得重大突破与发表众多创新性成果，主要是因为具有深厚的传统文化功底以及接纳各种进步思想的宽广胸怀。如，他步入新社会以来，自觉地改造了自身的人生观、价值观，抛弃陈旧观念，乐于接纳新事物、新方法，并将之运用到自己的研究工作中。

传统史学著作《西藏王统纪》为萨迦·索南坚赞所著，在西藏学界几乎是已成定论的通说，从未有人提出质疑。但是，恰白依据该书的不同版本及《大昭寺目录》等重要史料，考证了萨迦索南坚赞所处的年代，有理有据地提出了《西藏王统记》非索南坚赞所著的观点，明确提出了该书真正的作者乃是拉萨大昭寺管家勒贝西绕。可以说，从另一个层面揭开了这部史学名著不为人知的秘密，澄清了真相，并揭示了西藏历史上也存在伪书的现象，对如何认识和研究“伏藏”之类的史料具有非常重要的启迪作用。

恰白·次旦平措虽年近九秩，仍笔耕不辍，孜孜不倦，从不懈怠，坚守于自己热衷的学术岗位，奉献余热，为学人树立了典范。他在身体虚弱、视力严重减退的情况下，由旁人协助整理，完成发表了《藏族语言文字学发展初考》一文，提出《藏文文法三十颂》非吞弥·桑布扎之作的观点，在藏学界引起了强烈反响。在藏文发展史上，《藏文文法三十颂》占据重要位置，是否为吞弥·桑布扎所著，是一个较大的疑点。但藏文语法产生至今，对此提出疑义的理性研究者显得凤毛麟角，较多的人是从个人情感及信仰的视角去探究该问题，忽视了语言文字发展的客观规律，这就阻碍了对藏语文发展的来龙去脉问题的研究。

恰白的治学态度与此形成了鲜明对比，他敢于挑战神话传说，不怕压力，不怕遭到排挤，依据敦煌古藏文文献、语言学，以及《萨迦班智达贡噶坚赞文集》等大量文献资料，提出了《藏文文法三十颂》是13世纪以来萨迦班智达贡噶坚赞等学者在总结升华前人思想基础上逐渐完善形成的一部重要的有关藏文文法理论著作的独到见解。他指出："对藏文文法的发展史需要努力做到符合客观实际的讨论和比较研究，是一项势在必行、迫在眉睫的重大课题。对此，笔者提出这样的疑义，旨在引起同仁学者对这些问题能够给予足够的重视与反思，并企盼这些浅见对该项研究能起到一点推动作用。"① 言简意赅地指出了撰写此文的初衷与目的，并以实事求是、谦虚谨慎的大家风范，勉励后来学者为填补这一前人遗留下来的研究空白，撰写出完整系统的藏文文法发展史而进行不懈的努力。

纵观其学术作品，运用考古学、历史学、语言学等新学科的方法直指问题的症结所在，做出合理的阐释；敢于直面疑惑，但忌讳轻率；对自己存有疑虑的问题，罗列众多史料，为

① 《恰白·次旦平措学术论文集》（上册），西藏藏文古籍出版社、中国藏学出版社2007年版，第104页。

后来者继续进行探索研究提供了方便。

当今藏学界不少中青年藏学研究者，或因传统文化的造诣不深，或因新学科知识浅薄等，往往摆脱不了走向极端的片面观点，以致拙劣粗糙的作品不绝于学坛，玷污了学术的纯洁与高尚。更有甚者，个别人根本没有勇气正视自己的孤陋寡闻，养成不做调查研究就妄下结论的恶劣习惯。如，阅读史书时往往喜好妄下“此书价值不高”等诸如此类的片面结论，认识不到自己的无知与愚昧而一味地贬低先贤前辈。恰白却是一位非常严谨的学者，他经常告诫后辈学人：“不管你读什么样的书，在读的过程中对其内容应该逐字逐句地去理解和消化，不要像鹦鹉学舌一样，一气读完，不知所云。做学问不应该采取这样的方法。”这句话虽非高深难懂的哲理名言，却是一句长期体会后得出的朴实无华的治学感言。他以自己长期治学的经验，言传身教，深入浅出地为后辈学人指明了一条正确的治学道路。

恰白·次旦平措正是出于对本民族文化的热爱和崇高的历史责任感，自觉地接受了历史赋予他的使命并且出色地完成了自己的任务。在近三十年的学术生涯中，涉足历史、民俗、诗歌、文学理论等诸多研究领域，推出了一个又一个高质量的学术作品，尤其在西藏史学研究领域做出了突出贡献。

第三节　历史还原主义

还原主义或还原论是一种哲学思想，即从高层次还原为低层次，将整体还原为各个部分加以研究。作为一种科学基本思想的整体性，还原是一种完善的研究方法，研究各部分的关系以推导解释整体的性质。一般说来，还原方法主要使用于化学和生物学科等自然科学中。因此很多自然科学家通过实验认为，事物是可以被还原的自然产物。由此可知还原历史的研究方法是还原历史真实面貌的一种研究方法了。在一段时间内，缘于人类的认识思维所限而导致产生虚构历史或走向历史误区的现象。所以，用历史还原主义的研究方法走出研究历史的误区，也是历史学研究的一种需求。

对藏族文化而言，可以说较早产生了还原主义思想，其代表人物是宗喀巴大师。在宗喀巴大师时代，西藏社会进入了佛教文化全面发展的历史时段，佛教思想渗透到社会各阶层、各领域，各种教派犹如雨后春笋，形成宁玛派、噶当派、噶举派、希解派、萨迦派等不同教派纷争的局面。这些教派的追随者都认为自己所属教派乃佛祖真传教义之正宗，因此这种唯我独尊的观念盛行于社会各阶层。宗喀巴大师到卫藏地区后，先拜各教派导师学佛教思想，后思索西藏社会发展中佛教的走向问题，并比较印度原传的佛教教义与藏传佛教教派的教义，寻求彼此之间的差异，从而提出藏传佛教教义应还原为印度中观论思想家的观点。

宗喀巴大师摆脱教派门户之偏见，拜藏传佛教各教派的著名学者为师，汲取各种不同观点及思维方式，分辨思考，编撰了格鲁派教法教义《菩提道次第广论》及《密宗道次第广论》，纠正了藏传佛教显密宗的认识误区，还原了佛教在印度发展的真实面貌。因此，后来的学者们把宗喀巴视为第二代佛陀加以崇拜。宗喀巴在卫藏地区求学时，藏传佛教正处于一个衰败的年代。公元 10 世纪左右，由于西藏社会上佛教制度极度混乱的缘故，导致一段时间内僧侣队伍处于戒行不严，教风不正的紊乱状态。宗喀巴为了振兴佛法事业，除了力挽狂澜、大刀阔斧地从教义理论上进行正本清源、返璞归真外，整顿戒律，整顿教风，建立闻、思、修三位一体的寺院，加强经学正规教育，培养戒律严明、兼通显密教理的知识化的僧侣队伍，使得藏传佛教格鲁派走出了佛法教义的误区。

20 世纪上半叶，藏传佛教界又出现了一位继承和提倡还原主义思想的大学者——他就是从安多流浪到拉萨，之后游走于南亚的根敦群培。他年幼时在寺庙学经，后考察印度、斯里兰卡等南亚各国，接受过近现代文明的教育，始终站在封建统治阶级的对立面，抨击佛教思想中的种种弊端，揭露了农奴社会的黑暗面，触动了政教合一的旧制度。

辨析以往的历史是非，并对现实生活进行研究分析，可谓自觉或不自觉地遵从了社会发展规律。因此，根敦群培为了清晰真实地再现藏族历史，抛开了早期历史著作到处充斥着宗教神话色彩的现象，撰写了以人为本，与现实生活十分接近的历史著作《白史》。该书揭开了被神话和宗教信仰完全笼罩的藏族历史著作的真实面目，还原了历史过程的真实情境。这是他撰写《白史》的主要原因，也是《白史》的价值所在。

《白史》的问世，开启了藏族历史上历史还原主义思想的新篇章。在此基础上，20 世纪 80 年代，东噶·洛桑赤列撰写了真实叙述藏传佛教教派内部争权夺利的《论西藏政教合一制度》一书。同时，恰白·次旦平措以历史还原主义思想及研究方法撰写了《西藏简明通史》，在学术界产生了重大的影响。而且，他相继问世的学术作品，都使用了这一研究思想及方法，进一步证明了西藏文坛上历史还原主义思想的传承及发展所取得的明显成果。

人类的发展史，其实是实践经验的一个历史过程。而将历史作为一门学科来研究，在人类文化中承担着有别于其他学科领域的重要性和权威性，应处于非常客观的学术地位。因而，不论深浅，每个人都应掌握基本的历史知识。但是，拘泥于神话故事的藏族历史著作在其真实性方面，一直存在不少问题，成为研究西藏历史的一大局限，因此，在如何定位历史的性质方面，恰白·次旦平措有自己的分析和结论。历史的基本性质是存在于客观的物理世界之中，这种客观事实的真实性是不以人的意志为转移的，应该用客观的叙述来证明。但是，在许多藏族历史著作中，为了宣扬宗教，不少“幻化神话”的宗教思想以不同形式屡屡出现。“在过去的千年时间里，这些神话传说与历史事实混淆不清，成为主流思维方式，任何人都不能对此持有异议，不能进行辩论。这种观点至今仍阻碍着学术研究的健康发展”①。恰白对藏族历史上的许多问题进行认真辨析及缜密思考，运用历史唯物主义的研究方法，还原了藏族历史的本来面目。

一些藏族历史著作中记载，拉萨大昭寺由化身工匠及尼泊尔工匠建造完成，似乎藏族本土民众不曾参与。实际上，唐朝工匠们历经千辛万苦来到吐蕃，带来了具有唐代风格的工艺技术，在建造大昭寺的过程中作出了贡献，但在历史记载中往往被忽略。恰白目睹如此颠倒事实而不去考证的现象后，发表了《拉萨大昭寺历史传说研究》一文。他指出：“大昭寺是由松赞干布的‘五千个化身所建’的说法完全是神话传说，不具

① 《恰白·次旦平措选集》（藏文），中国藏学出版社1993年版，第32页。

有任何事实根据。”[①] 恰白应用历史唯物主义的研究方法，揭露了不实传说的虚伪性，还原了大昭寺实际上是以藏族百姓为主，邀请众多唐朝及尼泊尔优秀工匠共同完成的古代早期建筑的历史事实。

个人品性及其学术思想之间应该说存在因果关系，恰白·次旦平措正直的性格决定了其必然坚持唯物主义的学术思想。在当时历史背景下，恰白鼓足勇气对《柱间遗教》进行了批判，表达了可弃性命、只求事实的学术态度。在藏族旧社会中，始终将高僧大德所言作为历史依据，对此，所有人都不去进行实事求是的考证。若有人不遵从或提出了疑问，即被视为大逆不道。因此，对松赞干布所著《噶钦》和阿底峡掘藏所取《噶廓玛》[②] 不能公开评述，这是由旧社会的性质所决定的。“尽管现在是社会主义社会，但仍有一些人持‘否定《柱间遗教》的历史观点就等于否定了所有藏族历史’的伪学术观，这是完全违背客观事实、是‘两个凡是’保守思想的另一种表现形式。这种维系千百年的统治思想已根深蒂固，依然束缚甚至威胁着人们的思维方式。”恰白无所畏惧，勇敢地站在保守派及传统史学家的对立面，对《柱间遗教》进行考辨，按照客观规律还原了拉萨大昭寺的真实历史。

佛教的源流及各教派自身的发展、各个朝代及王室贵族推行佛教的事迹、渲染家族地位的显赫等，是过去藏族历史的主要内容。其目的是大力推行佛教的功能，进一步束缚人们的思想，以此巩固某个教派及家族的权力。因此，恰白抛开个人信

① 《恰白·次旦平措选集》（藏文）中国藏学出版社 1993 年版，第 32 页。
② 《噶钦》及《噶廓玛》合称《柱间遗教》，藏语音译为“噶钦噶廓玛”。

仰及传统史学的“束缚”，明辨两者之间的矛盾及冲突，摆脱藏族佛教历史中的神话故事及教派门户间的偏见，编撰了《西藏简明通史》。该书的写作方法颠覆了固有的思维方式，以丰富珍贵的资料为依据，客观、真实、公正地做出了令人心悦诚服的分析研究，写出了从远古时期到和平解放西藏之间的完整历史。正如中国藏学研究中心总干事拉巴平措所言：“如果说根敦群培的《白史》把藏族史的研究从神学的枷锁下解放出来，带入了人文科学的轨道，那么这部《西藏简明通史——松石宝串》的研究在广阔的领域内从人文科学进一步引向了历史唯物主义。”① 可以说，《白史》再现了吐蕃时期的真实历史，而《西藏简明通史》还原了从藏族远古时期到和平解放时期的真实历史过程。总之，《西藏简明通史》以历史还原主义的研究方法，对藏族历史过程进行了实事求是的分析研究，还原了藏族历史的真实情境，从而将还原主义思想引向更高的阶层。

人类历史归根结底是社会发展的客观事实。只有以历史唯物主义和辩证唯物主义的观点研究藏族历史，才能对一切不同历史时期的社会政治、经济、文化、思维方式等复杂的社会现象予以科学的阐释，并可彻底揭露社会上所有的奇谈怪论。近年来，境外敌对势力和达赖集团大肆制造舆论，为了实现所谓“西藏独立”不可告人的阴谋，抛出“藏汉矛盾冲突”的谬论。而且，部分国内外历史学家也认为西藏是从元朝时期才纳入祖国版图的。为了纠正这些片面的观点，恰白发表了《以友好为主流的唐蕃关系》一文，以丰富可靠的资料及敏锐的

① 《恰白·次旦平措选集》（藏文），中国藏学出版社 1993 年版，第 45 页。

洞察力，提出西藏不仅自古以来是祖国不可分割的一部分，而且藏汉民族同一族系及历史上始终保持友好的学术观点。近期，由“恰白·次旦平措学术思想研究”课题组通过采访恰白而辑录的《历史的实践者》一书中，他再次以大量的历史事实为依据，还原了祖国与西藏地区的密切关系、藏汉民族的友好关系，证明了西藏自古以来是祖国不可分割的一部分的历史事实。

某种历史现象是否符合客观规律是检验真假的重要标准。一个尊重客观规律、尊重历史事实的历史学家，习惯于在客观事实中检验评定所发生的历史事件，尤其在分辨虚假和歪言邪说方面绝不含糊。相反，不能分辨浑浊是非，在假象的各种诱惑下放弃思考和探索，历史的本来面目将会永远尘封在流逝的岁月里。1976 年，夏格巴·旺秋德丹在印度出版了藏文版《西藏政治史》，该书把各个关键时期的历史事件和政治问题，通过对历史文献的部分内容加以增减，从而改变史料的本意；尽管在可靠的史料中有明确详细的记载，但对一些重大历史事件的过程，却根据自己的需要进行本质性的篡改；随意且毫无根据地以个人主观想象代替历史资料。

对此，恰白等人编撰了《夏格巴的〈西藏政治史〉与西藏历史的本来面目》一书。“从中可见恰白编撰该书的主要目的：第一，清除《西藏政治史》中的污垢，还原西藏历史的真面目；第二，提醒探索和考究西藏真实历史的专家学者，再次对西藏历史进行细致研究；第三，使各界人士清楚地了解这些重大问题的真实面目，弄清夏格巴的‘历史’究竟与西藏真实历史有多大差别，以及造成这些错误的原因”[1]。可以说，通过该书，不仅批改了夏格巴的谬误，揭露了其出版该书不可告人的政治阴谋，而且还原了西藏地区的真实历史。

总之，恰白先生在西藏历史研究中，以客观事实为依据，努力寻找西藏社会历史各部分之间的有机联系，试图还原西藏历史演变的整体而真实的面貌。正是在这一客观真实的历史还原主义思想的指导下，藏族历史学逐渐摆脱了宗教神话及神权制度的枷锁，迈入当今世界历史学的正常轨道。

① 《恰白·次旦平措学术论文集》《上册》，恰白学术思想研究课题组编，西藏藏文古籍出版社、中国藏学出版社，2007 年版，第 351 页。

第六章　寻找劳动者的智慧

第一节　劳动开启了人的智慧

在从猿到人的转变过程中，劳动起着特别重要的作用。正是由于劳动，促使到地面生活的古猿上下肢分工越来越明显，手脚逐渐分化，各自向不同方向发展，以适应不同的功能。另外，在劳动过程中，人与人之间的联系促进了语言的产生。劳动和语言，又促进了智慧的发展，而智慧的发展加速了从猿到人的进化。总之，由于劳动使人类具有了完善的双手和发达的大脑，进而能使用、制造工具，进行有意识的劳动。从某种意义上说，人类历史就是劳动在一定社会形式中不断展开的历史。

关于文学艺术的起源，历史上曾有过各种不同的解释，其中除“神赐说”纯属唯心主义的无稽之谈外，其他各种学说如“模仿说”、“游戏说”、“心灵表现说”、“巫术说”等都或多或少地包含着某些合理成分，但也各有其缺陷。“劳动说”是目前学术界普遍认可的关于艺术起源的学说。这种理论认为，文学艺术起源于原始人类的劳动生活。其理论根据为：首先，劳动创造了文艺赖以产生的物质基础，劳动创造了人。当我们的祖先制造出第一批最简陋的劳动工具时，他们终于由猿转化成了人。恩格斯指出："自然界起初是作为一种完全异己的、有无限威力的和不可制服的力量与人们对立的，人们同它的关系完全像动物同它的关系一样，人们就像牲畜一样服从它的权力。"列宁也指出："说原始人获得的必需品是自然界无偿的赐物，这是笨拙的童话……这种黄金时代在过去从来没有过，生存的困难，同自然斗争的困难使原始人受到十分沉重的压抑。"[①] 为了维持个人和族类的生存，史前人类顽强地同严酷的大自然作斗争。在长期的劳动实践中，伴随着物质生活条件的改善，人的智慧愈来愈发达，手愈来愈灵巧，而到了他们彼此之间感到有些什么非说不可的时候，语言也就产生了。长期观察猎物和周围环境锻炼了人的视觉，分辨、尝试各种猎物或食物的气息、味道加强了人的嗅觉和味觉，同各种工具物体的频繁接触提高了人的触觉，而更为可贵的是，为了提高劳动效率，在制造、改进工具的过程中，史前人类的自我意识也逐步形成并发展，他们对意蕴美和韵律美的感受也日益丰富和细腻。当旧石器时代粗笨无定型的石器演变成新石器时代光滑匀称而规整的石器或玉器（如山东大汶口出土的仅具礼仪观赏价值的玉斧）时，人的第六感觉——美感已由动物快感逐渐演变形成起来。这时的人类已不再只是怀着恐惧感受到大自然沉重的压抑的"牲畜"，在自己有意图、有目的地制造的日渐精美的制成品面前，他们开始产生创造的喜悦和自豪感。他们

① 《列宁全集》第5卷，人民出版社1959年版，第89页。

在崇拜冥冥中的鬼神的同时，也逐渐崇拜自身的创造物和自己灵巧的双手了。

其次，原始文艺产生于劳动生活的需要。普列汉诺夫（被誉为“俄国马克思主义之父”）举过很多例子，证明原始人类在集体劳动中为减轻疲劳、协调动作，经常配合劳动的节奏，呼喊出一致的有节奏的声音。毕歇尔也指出“在其发展的最初阶段上，劳动音乐和诗歌是极其紧密地相互联系着的，然而这三位一体的基本组成部分是劳动……”他认为原始民族简单的音乐作品是从劳动工具与其对象接触时产生出来的，而要使这些声音和节奏增加某些花样，就必须改善劳动工具，如此一来，它们就变成了乐器。原始人在劳动实践中对自然界逐步有所认识，他们的绘画、雕刻、舞蹈还起着向别人传达劳动知识、交流经验和教育后代的作用。普列汉诺夫列举过不少原始民族通过猎取动物或掘起植物块茎的舞蹈训练后代的例子。西方学者封登·斯坦恩认为，以传达消息为目的的符号是早于绘画的。他在巴西一条河岸上发现土人所画的一种鱼的图画显然是个信息符号，告诉同族的后来者此处鱼类较多。

最后，劳动生活也构成了原始文艺的直接内容。有些原始文艺模仿再现了原始人类的早期生活，也有些原始文艺以巫术幻想的形式表达了原始人祛灾祈福、争取丰收的愿望。整体看来，相比其他几种关于艺术起源的学说，“劳动说”确实能解释绝大多数史前或原始艺术现象，某些用其他学说解释不清的问题，它也能给予令人信服的说明，并在史前或原始艺术中有着最为充实的证物。因此，比较而言，这一学说最有说服力，

"劳动说"应当是艺术起源的基石。①

以藏族的音乐舞蹈为例，生活在青藏高原上的广大劳动人民，在漫长的历史长河中，经过不断的认识世界、改造世界的原始劳动，发现和创造了独具特色的音乐和舞蹈。对此，我们可以在许多藏族民间歌舞中找到劳动的缩影和佐证，"如藏戏蓝面具者和贡布地区男人们的舞蹈就是模仿狩猎时的拉弓射箭动作发展而来的；藏戏中七仙女的舞蹈是模仿藏族妇女捻毛线的劳动动作而来的；锅谐舞蹈或是模仿远古时期人们手挽手围猎动物的动作，或是农村打场时，将牲畜赶到场地中间，人们手挽手包围牲畜，来回驱赶的打场劳动中发展而来的（这种打场的方法叫踩场）。以上所述劳动无论是狩猎还是打场，都涉及驱赶动物，人们在驱赶动物时，除扬扬手、跺跺脚之外，常常还要发出类似'曲曲'的声音来赶走动物。因此，十分巧合的是，锅谐的慢板舞与快板舞之间就有一个承上启下的说唱段落，这段的开始处恰恰也就会发出'曲曲曲'的恰似驱赶动物的声音。"因此，正如藏族学者顿宕玛魏僧格所说"能够抵挡和减少疲劳的建筑歌就是从尘土飞扬的劳动中产生的"② 一样，劳动是藏族原始音乐舞蹈赖以产生的土壤。

总之，对于人类来说，其机体的进化过程主要是通过劳动促进的，其生活资料和生产资料也都是通过劳动创造的；劳动促进了手与脚的分工，使人学会了使用工具；劳动促进了语言的产生，加速了信息的产生和传播。劳动之所以被确认为价值的唯一源泉，并不是因为抽象意义上的定义，而是因为劳动在

① 周文复：《文学艺术起源于史前人类的全部社会生活》，《时尚网》。
② 顿宕玛魏僧格：《言库意心宝》，藏文经书，公元 14 世纪，第 256 页。

信息（包括人类机体的生物信息）的形成、传播、处理和运行过程中起着决定性作用，因此可以说劳动创造文明、创造财富，促使人类发展，并且不断地推动着社会的进步。在古希腊神话中，有个英雄叫安泰，是地神和海神的儿子。安泰力大无穷，无人能够战胜，他的秘密就在于，每当他与敌人决斗到筋疲力尽时，往他的母亲——大地身上一靠，便可重新获得力量。我们广大的学者就好比安泰，劳动人民就好比大地母亲，靠着不断地从劳动人民中汲取营养，我们才能一次次拥有新的力量。假如我们的学者离开了劳动人民这片沃土，便没有了营养的来源，我们的事业就会失去活力。因此，尊重劳动人民的智慧和创造力不仅是我们党密切联系群众的一贯优良作风，也理应成为广大学者的学术道德要求和学风的具体体现。

第二节　《藏族民间谚语典故选释》

——对民间生活智慧的深度挖掘

藏民族世代生活在青藏高原，面对独特的自然条件和艰苦的生存环境，表现出顽强的生命力和对美好生活的不懈追求。在对自然、社会和自身的认知、适应、改造、发展的漫长历史进程中，藏族人民创造了内容丰富、特色鲜明、形态多样的文化，其中包括语言文字、哲学宗教、藏医藏药、天文历算、音乐舞蹈、戏剧曲艺、建筑美学、雕塑绘画、工艺美术等。

谚语是人民群众口头流传的常用的固定语句，以简单通俗的话来反映深刻的道理。谚语是民间集体创造、广为口传、言简意赅并较为定型的艺术语句，是民众丰富智慧和普遍经验的规律性总结。谚语多半在民间口语中广泛流传，表达人们丰富的社会生活经验，闪耀着人民智慧的光芒。藏族也同具有悠久历史的其他民族一样有着丰富多彩的民间文化，其中，充满着劳动群众智慧和创造精神的浩如烟海的各类谚语成为传统文化的重要组成部分。毫无疑问，收集、整理、阐释在西藏各地民间流传的谚语成为继承和弘扬西藏传统文化的一项重要内容。

恰白不辱使命，肩负起这一重要历史任务，在深入第一线收集大量民间谚语的基础上，广泛吸收前人成果，并开拓性地阐述了各类谚语的内容、使用方法、起源、历史、艺术特点等，完成了《藏族民间谚语典故选释》，为继承和发展藏族优秀传统文化做出了突出的贡献。

恰白主要基于以下考虑，编撰了这部谚语典故著作。一是藏族人民在独特的自然环境中，一代又一代地同严酷的自然灾害作斗争，在牧业、农业、林业、手工业等各个领域创造出了独具特色的文化。但是，在政教合一的落后社会制度下，许多优秀的民间文化得不到应有的重视，相反，被视为下等人的知识分子遭到蔑视和排挤，极大地削弱了民族的自尊、自重和创新精神，导致许多优秀的民间文化濒临灭绝。新中国建立后，民间文学受到党和国家的重视，成立了全国性的研究机构，开展有领导、有组织、空前广泛的民间文学搜集研究工作，取得了可喜的进展。如研究机构在全国范围内的建立，民间文学的课程重新列入文科高等院校的教学计划，在全国性的民间创作普查工作基础上，已陆续出版、发行了《民歌集成》、《民间故事集成》、《民间谚语集成》等“三套集成”。同全国一样，西藏的民间文化抢救工作得以全方位展开，在西藏自治区文联、区文化厅等部门的领导组织下，先后完成了《藏族民歌集成》、《藏族民间故事集成》、《藏族民间谚语集成》等，在民间文化的抢救、整理、翻译、出版等各方面取得了举世瞩目的成绩。但是，恰白认为这一领域的工作还存在不少的缺陷和瑕疵。他说："一是目前所出版的谚语书籍和各类报刊上刊载的谚语存在重复的现象；二是将不少学者所撰格言、《卡奇帕鲁训言》、《鼠兔故事》、《鸡猴故事》、《格萨尔故事》等中的某些段落和歌词也作为谚语收入，影响了民间谚语的纯洁性。三是收集整理藏语谚语的工作已经进行了三十余年（至 1997 年），目前亟须对所收集的谚语进行审查校订，尤其需要对各谚语的词义、内涵进行解释，指出它们的使用范围、使用方法，同历史或故事相关的谚语，要说明其缘由。这项工作已经迫在眉睫。"鉴于上述目的，恰白经过多年的努力，精心挑选了一千七百多条谚语，共分六个章节详细介绍了谚语的起源、内涵、艺术特点、使用方法及范围，使用过程中容易引起歧义及误用的问题等。

《藏族民间谚语典故选释》的主要价值、学术贡献具体体现在以下几个方面：

一、科学地总结藏族谚语所具有的五大特点

《藏族民间谚语典故选释》是一本反映在劳动中积累的经验的哲学书，包含较强的哲学思想。尤其是在人生哲学、生命哲学、人存在的价值方面，包含了不同于佛教思想、有利于面对现实的哲学思想。这就是恰白研究民间谚语的最大目的。恰白研究民间谚语后发现，谚语是祖辈们通过实践得出的一种人生经验，也是祖辈们的一门实践哲学。他提出了许多独到的见

解、崭新的观点。例如，他认为藏族谚语共有五大特点：

一是大多数谚语言犹未尽，可以根据正反不同的需要补充完整，这样可以变得更加生动活泼。例如：谚语 སྐྱིད་ཀྱི་ཉི་མ་ཤར་དུས། སྡུག་གི་མུན་པ་སངས་དུས།（大意是：幸福的太阳……升起的时刻；痛苦的黑暗……散去的时机），在词的末尾根据需要可以加“有”“无”“得”“未得”等词条，会产生不同的含义，可以根据正面、反面、现在、过去、将来的不同需要随机变换词义，使本来僵硬的词语变得生动活泼。

二是有些不便于直说的心里话，换用谚语来表述，既使听者悦耳，又可以清楚地表达意思。例如，在旧社会遇到一些法律纠纷时，要给审判官或法官送去丰盛的礼物。送礼时，不便直言，又要请审判官或法官设法使对方受到最大限度的惩罚、损失，使自己得到更多的利益，审判官或法官也不便直接答应。于是，在案件的诉讼过程中往往会说“ཆུ་དམའ་ཐབས་དང་ཟམ་པ་མཐོ་ཐབས།”（大意是：设法使水位下降，桥梁升高）。这样既能完整地表达心中的愿望，又使对方便于回复。谚语的这种艺术是其他任何东西都无法替代的。

三是寓意非常深刻。这类谚语听后不仅使人发笑，而且寓意深刻，直接击要害。例如，藏传佛教各教派往往以举行这样或那样的宗教仪式为名，不顾佛教教义，杀害牲畜来享受。人们以 ཚེས་བཅུ་རེ་ལ་ར་རེ་བསད། ཟངས་མདོག་དཔལ་རི་ར་རོས་ཁེངས།（大意是：每十日杀一头山羊，桑多白日山布满山羊尸体），这句谚语专门讽刺此种行为。又如：རྒྱལ་པོའི་བཀའ་ཁྲིམས་ནོར་གྱིས་བཤིག སྒོམ་ཆེན་ཕྱག་རྒྱ་ཤིག་གིས་བཤིག（大意是：国王的法令被财产摧毁，禅师的手印被虱子搞乱）。这句谚语通过描述一位严肃地摆着坐禅姿势的禅师，因被虱子骚扰而乱了手印的可笑形象，同时讽刺了打着公平公正旗号的法令，却在他人的贿赂下严重歪曲的丑陋现象。

四是诸多谚语揭示了事物发展的科学规律。这充分说明自古以来藏族就是具有朴素唯物主义和行为的优秀民族。例如：དུས་ལ་བབས་ན་ཤ་མོས་སྤང་རྩེ་ལ།（大意是：时机一到，蘑菇能穿透草地），揭示了任何事物的发展变化都有其内因和外因，而不以人的意志为转移的道理。这类谚语在藏族谚语中还有很多。

五是深刻地指出社会道德规范及道德标准。例如：མི་དྲང་དགོས། ལྷ་མཚར་དགོས།（大意是：人要正直，佛要美观）；མི་ངན་གྱི་ཁོག་པ་གཡོས་ཁེངས། དུང་དཀར་གྱི་ཁོག་པ་འབུས་ཁེངས།（大意是：恶人的胸中充满狡诈，白螺的腔中充满虫子）；མི་ལ་ངོ་ཚ་མེད་ན་ཁྱི་ཡིན། ཁྱི་ལ་གཞུ་གུ་མེད་ན་འདྲེ་ཡིན།（大意是：人无羞耻如同狗，狗无尾巴如同鬼）等，涉及社会道德方方面面的内容。恰白认为，这些谚语也是了解藏族所具有的共同心理特征和习惯的一面镜子。

同时，他还研究了藏族谚语中的其他一些特点及值得注意的问题，并概括为以下几点：

一是在部分谚语中包含着过去统治阶级歧视和贬低劳动人民的内容。例如，

འབྲོག་པ་མིའི་བོང་བུ་ཡིན། རལ་པ་ཁྱིའི་གཞུ་གུ་ཡིན།

（大意是：牧民乃人之毛驴，散毛乃狗之尾巴。）

ཁམས་པའི་རྣ་འཁྱོག་རྐུབ་ན་ཡོད།

（大意是：康巴人的耳朵长在屁股上。）

这些谚语是旧社会封建统治阶级对勤劳牧民进行无耻侮辱的言语，说明在旧社会，反动的统治阶级将养活他们的劳动人民视如牲畜，颠倒黑白。

二是地方方言过重的问题在谚语中也有体现。例如，许多谚语只在某一个区域流行，带有当地的特殊方言，其他藏区的

人难以理解。

三是有些谚语因局部地方的语言习惯而过于简化，导致难以理解或容易引起歧义。

四是要十分注重断词、断句，语气轻重，否则会引起歧义或意义完全相反。

他举出许多仍然活在广大群众中的生动谚语并阐释其观点，使得该著作具有与以往任何谚语书籍不同的特点和价值，给人以耳目一新的感觉。

二、首次系统地阐述了谚语的具体含义及使用方法

当前藏学研究成为国际公认的一门学科，国内不同民族的学者十分注重对藏族传统文化的学习和研究。就谚语而言，如果不懂得谚语的基本含义和相关特点，就无法弄清它的内涵、艺术特性以及功能等。就本民族的人群而言，目前许多藏族青年不懂谚语的意思，不知谚语的准确含义，误用谚语的情况比比皆是。因此，对谚语的内涵、使用方法做出解释是一件非常重要的事情，也是能否将这一凝聚祖先劳动智慧的优秀文化遗产继承和发扬光大的光荣使命。恰白在科学地将藏族谚语按照结构和艺术特点进行分类的基础上，开创性地对谚语的内涵、使用领域、使用方法进行了较为细致的解释。这亦是显著特点和重要价值之所在，从中我们能够体会到恰白对劳动人民怀有的深厚感情和对劳动人民智慧的崇敬之心。

三、发掘出藏族谚语中未受宗教影响与束缚的科学思想

在科技不发达的古代，在老百姓的日常生活中，谚语就是人们生活中的“指南针”，具有一定的指导地位，许多谚语不仅形象实用，还富含深刻的科学道理。这些内容包罗万象的谚语不仅朗朗上口，让人体味民族的智慧与文化，还让人明白其中的道理，拓展视野，提高其自身的科学素养。自古以来，冲破神学观念束缚的无神论思想，无论中外，都有两个来源，一是来自于思想家、哲学家和科学家，一是来自于普通的老百姓。这两种无神论思想，互相补充，融汇交流。博大精深的藏族谚语中有一部分谚语，就是民间无神论的精彩表述，反映了人民的生活和斗争的经验，是群众智慧的结晶。从中可知无神论在藏族民间的产生与流布程度，是记载社会进步的“语言化石”。显而易见，我们决不能简单地在藏传佛教与藏族传统文化之间画上等号。现选择恰白挖掘出来的一些有代表性的谚语，并略作解释，以供分享。

དུས་ལ་བབས་ན་ཤ་མོས་སྤང་ཧྲེལ།

（大意是：只要时机成熟，蘑菇能穿透草皮。）

该谚语完全符合辩证唯物主义对事物发展规律的认识。内因与外因即事物发展变化的内部原因和外部原因。内因指事物内部诸要素之间的对立统一，也就是内部矛盾；某事物与其他事物的对立统一，则是外部矛盾，即外因。辩证唯物主义认为，内因和外因在事物的发展中是同时存在、缺一不可的，但二者的地位和作用不同。内因是事物存在的基础，是某事物区

别于它事物的内在本质，是事物运动的源泉和动力，它规定着事物运动和发展的基本趋势。外因是事物存在和发展的外部条件，它通过内因而作用于事物的存在和发展，加速或延缓事物的发展进程，但不能改变事物的根本性质和发展的基本方向。所以，内因是第一位的，外因是第二位的。

བ་མོ་མེད་པའི་མར་དཀྲོག

（大意是：没有奶牛，何来酥油。）

这句谚语为我们揭示的是因果关系。原因和结果是客观世界中普遍联系着的事物，具有先后相继、彼此制约的必然联系。原因是指引起一定现象的由来，结果是指由于原因的作用而引起的外在表现。原因在先，结果在后（简称先因后果）是因果联系的特点之一，但原因和结果必须同时具有必然的联系，即二者的关系属于引起和被引起的关系。

རྒྱལ་པོའི་རྒྱལ་ས་མ་བདེ་ན། སྤྲང་པོའི་ཉལ་ས་ག་ལ་བདེ།

（大意是：国王的朝廷不安，乞丐的睡窝哪能安?）

这句谚语揭示了矛盾的普遍性与特殊性之间的关系。矛盾的普遍性与特殊性并非各不相干，而是密不可分，相辅相成。一方面，普遍性存在于特殊性之中；另一方面，特殊性中包含着普遍性。

དམྱལ་བའི་སེམས་ཅན་དམྱལ་བར་སྐྱིད།

（大意是：生活在地狱中的动物，在地狱中是最安逸的。）

正如鱼不能生活在陆地上一样，这是自然规律，是由其自身的身体结构和生活习性所致。这句谚语要求人们正确地处理好主观与客观的关系。主观与客观的统一，就是指主观认识要符合客观实际，不同的事物有不同的实际情况和差别，人们的主观认识要着眼于这些“不同”之处，从这种“不同”的实际出发，主观才能真正地符合客观。换句话说，主观认识要同一定的时间、地点、条件下的客观实际相符合；而主观与客观历史的统一，是指事物是发展的，在不同的发展阶段有不同的情况，只有从随时变化着的情况出发，主观才能准确地符合客观。可见，是主观与客观相分离，还是主观与客观相统一，就成了错误路线与正确路线在认识上的根本区别。所以，我们能否正确地认识世界和改造世界，从主观因素来讲，关键就在于能否坚持从实际出发，能否使主观符合客观，能否使主观与客观达到具体的历史的统一。就西藏而言，这句谚语的意义还在于它不仅要求人们不能简单地以自己的主观愿望来判断是非，而且批驳了宗教唯心主义的观点。

四、通过谚语这一锐利的武器抨击政教合一封建农奴制的反动性

旧西藏政教合一的封建农奴制有近千年的历史，在西藏政治、经济、文化等各个领域打下了很深的烙印。尽管统治阶级极力美化其制度的合理性，但广大劳动人民的眼睛是雪亮的，他们通过言简意赅、寓意深刻、形象生动的谚语揭露其黑暗性和不合理性。我们能够通过这些谚语来了解旧西藏社会制度的反人类特性，在揭露政教合一封建农奴制方面可以起到不攻自破的效应。恰白敏锐地抓住了这一特点，怀着极为欣赏劳动人民的睿智的心情，对谚语中所包含的深刻道理作出了画龙点睛式的解释。例如：

བླ་མ་ཕལ་ཆེར་ཕྱུག་པོའི་བུ་ལ་འཁྲུངས། མེ་ཏོག་ཕལ་ཆེར་ཆུ་བོའི་འགྲམ་དུ་སྐྱེས།

（大意是：喇嘛大都出身于富贵家族，花儿大都生长在

河边。)

以此讽刺在转世活佛的认定过程中，往往看重候选灵童家庭财产状况的现象；揭露少数寺院借用转世灵童的认定试图获得经济利益的丑恶现象。

གསོ་སྐྱོང་ཕ་མས་བྱས་ཀྱང་། ལུས་སྲོག་དཔོན་ལ་བདག

(大意是：虽然靠父母养育，但人身被官员占有。)

正如恰白所分析的一样，这句谚语是旧西藏广大农奴没有任何人身权利的一个铁证。

མི་ལ་མི་ཁྱད་འབུམ་འགྱུར། ལྕགས་དང་ཀོ་བར་བརྒྱད་བཅུ་ལྷབ།

(大意是：人与人之间的差距可以十万计，铁与皮革之间相差八十倍。)

这是过去藏族的一个习惯说法，意思是一块铁的磨损相当于八十张皮革的磨损。这个谚语是旧社会封建等级制度最为生动的说明。封建贵族阶级认为，铁与皮革之间的差距可以计算，但人与人之间的等级差距无法估量，进而认为贵族的子女永远是贵族，农奴的子女永远是农奴。

རྐང་པ་གཅིག་ལ་ཚེར་མ་བརྒྱ་ཟུག

(大意是：一脚扎上了百刺。)

这是旧社会农奴从内心深处发出的哀鸣。因为他们既要支应繁重的内差、外差，又要支应乌拉差、军差且需要偿付代代积累下来的借贷。该比喻十分贴切，寓意十分深刻。

ཁྲལ་ལ་གསེར་ཕྱེ་མཛལ། རྟོ་ལ་རམ་པ་ཟ།

(大意是：上交的税是金粉，可自己吃的却是草根。)

该谚语真实地反映了贫苦农奴的悲惨生活状况，尽管一年到头辛勤劳动，但无权享用自己劳动的成果。

ཉ་ཁྲིམས་བླ་མས་བསྲམས། ཉ་ཁྲལ་བླ་མས་བསྡུས།

（大意是：禁止捕鱼的法令由上师订立，鱼税却由上师来收。）

旧社会的上层统治阶级虽然订立了很多禁令，但由此而带来的成果又由他们来享用。该谚语非常深刻地揭露了统治阶级言语与行动相违背的虚伪行径。其实，这种做法在旧西藏相当普遍。如，他们一方面禁止杀害野生动物，却又要农奴每年定期、定量地上交动物皮毛、麝香等。劳动人民用朴实、形象的语言将统治阶级表面上维护佛教教义，实际上贪欲强烈的丑恶形象暴露在阳光之下。

恰白认为优秀的艺术作品犹如生活的镜子，能够真实而深刻地反映社会生活，帮助人们了解和认识社会生活。我们走进艺术园地，就会发现这样一种现象：无论是一句谚语、一幅画、一首歌、一出戏、一部电影或者一个舞蹈，除使我们得到艺术享受外，还能使我们体察到某个时代、某个地区的生活状况，领悟到深刻的哲理，获得深刻的启示。因此，深入到实践和群众中去汲取营养，正是广大文化艺术工作者的使命所系。恰白坚持深入到实践和群众中去挖掘素材、汲取营养，尊重劳动、尊重劳动人民、尊重和欣赏劳动人民的智慧。可以说，徜徉于劳动人民智慧的海洋是恰白永不厌倦的兴致所在，也是他能够获得无尽学术思维的最大源泉，更是形成恰白朴素、求实学术风格的根本基础。

第三节 实践是人的思维源泉

实践有着诸多的含义，从广义上讲，实践与人类思维互通，实践是主观与客观的结合体。实践是人类思维的内部矛盾和外部矛盾之总和，或者说实践是人的物质活动和人类思维活动的统称。人类思维以实践为本，没有实践的思维是形而上学的观点。故实践是人类思维最根本的活动范畴。从这个意义上分析，有了实践就有了人类思维的活动，同时产生了实践的产物之一——人类的思想。

很多哲人在探究人类思维与物质的关系层面时发现，实践是从物质进化到人类思维，又从人类思维的活动到物质进化的一个检验者。从物质到人类思维，是人类思维认识物质的过程，更是人类思维对改造物质的一个全过程。生活在青藏高原的祖辈们，在长期的劳动改造中或在长时间的生产生活实践中，逐渐对物质有了自己的看法，这些看法且通过明锐的智慧造福于人类社会，造福于生存在青藏高原艰苦环境中的人们。所以，他们的后辈们骄傲地创造了独特灿烂的文化，其智慧闪烁着东方文明的光芒。

一、实践检验了人的智慧

（一）劳动创造了人本身

人类起源的问题是重要的科学理论问题，是研究人类社会发展规律的基础问题。人类源自何处？人类是怎样产生的？这些问题，自人类文明有了新的进步以来就困扰着人类。马克思和恩格斯在肯定了古典进化论学说的基础上，研究了人类从猿到人的生物进化过程，提出了“劳动创造了人本身”[①] 的著名论断，准确地回答了人类起源的问题。

劳动创造人的理论未产生以前，人类在自身的起源问题上，有着不同的答案。在古代，世界各民族都流传着神创造人的传说。如中国的女娲抟土造人传说，古希腊的普罗米修斯用泥塑人的神话等。基督教《圣经》中《创世纪》则比较系统地描述了人类起源问题。《创世纪》中说：上帝耶和华用了五天造出山川树木，第六天用泥土造了个亚当，再从亚当身上抽出一根肋骨造出了夏娃，并让他们结为夫妻，生子繁衍，人类由此而产生。此外，还有一些说法，如古希腊思想家阿纳克西曼德（公元前611～前545年）提出了从鱼到人的理论，认为鱼是人类的祖先。这些理论多数不过是早期人类的一种臆测或想象，并非建立在科学基础之上。自近代进化论理论出现以来，人们认识到了动物进化、发展的规律，从生物学的角度揭示了现今地球上生存着的动物的起源、发展规律。但是，对于人类的起源，古典进化论者没有给出一个明确、科学的答案。

劳动创造人的理论与此前的各种理论相比，有了质的飞跃。它以辩证唯物主义作为理论武器，以科学的精神和手段研究人类产生的原因和过程，创立了人类历史上第一个科学形态的人类起源观。认为人最初是以动物的形态存在的，是从古代类人猿发展而来的。人类的祖先首先必须生存，为了生存就得有维持自身生存的物质基础，这就要通过劳动去获取。在劳动过程中人们学会了使用工具、制造工具。人就是在这一过程中，锻炼了大脑，产生了意识和语言，并形成了一定的社会关

---

① 《马克思恩格斯选集》第3卷，第508页。

系，人类终于脱离了动物界而成为有意识的、相对独立于自然之外的人类。

这一理论在回答人类起源问题的同时，也总结了创造人的劳动的本质，形成了马克思主义关于人类劳动的概念。这个概念包含以下四点：1. 劳动是人与自然相互作用的客观物质活动；2. 劳动是人有意识的活动，是只有人才具有的，而其他依靠本能生存的动物不可能具有；3. 劳动一开始就是社会的活动；4. 劳动是双重意义的活动，劳动过程不仅是人类改造世界的过程，同样也是客观世界改造人的过程。这是历史唯物主义劳动创造人的原理，也是马克思主义人类劳动本质理论的基本内容。历史唯物主义不仅把劳动看成是创造人的力量，而且也进一步把劳动看成是人与其它动物的根本区别所在，把劳动看成是人类的本质。

这一原理在人类起源问题上把人类的劳动摆到了崇高的地位，一改以往在这个问题上的唯心主义观点，摒弃了反科学的人类起源观，使对人类的起源、进化的研究探索落到了具体、现实的基础之上，把人类的起源观纳入了科学的轨道，这在人类起源的理论研究上无疑是一个巨大的进步。可以说，历史唯物主义“在劳动发展史中找到了理解全部社会史的钥匙”①。从这个意义上讲，劳动创造了人，同时也创造了人类的智慧。

（二）实践和认识的主体与客体

实践是以认识和改造客观世界为目的的，在实践过程中，主体和客体之间通过中介不断地相互作用。这种中介包括放大人类体能的工具系统和延伸、放大人类智能的工具系统。

---

① 《马克思恩格斯选集》第4卷，第254页。

从主体与客体的关系上看，它们之间是一种实践关系，也是一种认识和被认识的关系。在这种关系中，同样体现着改造和被改造的关系。

作为藏族传统文化重要组成部分的民间谚语，是作为主体的广大藏族群众在各个历史时期认识所处的社会环境、社会关系等方面知识的一种反映，能够体现不同的历史时期历史创造者的思想意识，具有很高的史料价值。同时，人们通过谚语形式，表达自己的思想，以此达到改变生活状况、改善社会关系的目的。因此，恰白对藏族民间广泛流传的谚语的抢救、整理以及研究，既尊重了人民群众历史创造者的地位，又保存了重要的文史资料，具有重要的理论和现实意义。

世界上每一种语言都反映着一定地域内的人们对于外部客观世界的独特认识。作为藏民族语言的重要组成部分，藏族民间口头流传的谚语蕴涵着千百年来藏族社会生活的诸多内容，反映了藏民族对外部世界以及自身的体验和认识。自佛教传入西藏并逐渐上升为藏族传统社会的主流意识形态，藏族社会的大众文化层面，或多或少地都受到了佛教的影响，说明了大多数藏族民众对佛教文化的基本认识及认同。藏族谚语除在整体上反映世俗层面的各种内容外，还从不同角度展示了藏族普通民众的种种佛教观念，从这个意义上讲，它同时也是研究藏传佛教文化的重要参考资料。

谚语是一种较为特殊的语言现象。从内容方面看，谚语主要承载社会下层的心声。对一个社会来说，文化中的大传统部分由于占据着意识形态主流而拥有多种表达手段，而基层文化即小传统与大传统之间总是存在着一定的距离，其传播渠道也因而受到了多方面的限制，通常只能依赖口头语言形式进行流传。谚语作为普通民众表达群体意识、心声的最主要的方式之一，是洞察广大民众真实思想、智慧的重要窗口。

从谚语的历史传承看，劳动群众口头流传无疑是其主要的历史承载形式，书面形式的谚语在总体中所占比例很小，且多半经过了阶级社会内上层知识分子的修饰、加工，其内容有所变化，不能完全反映各个历史时期劳动人民的心声及智慧。历史上，每个时代都可能产生一部分反映当时社会状况、代表劳动人民智慧的新谚语，不过，这些折射着特定时期社会风貌的谚语未必都能完整地保存下来，即使遗存的谚语在语言等方面也都发生了某些变化，因此在一定程度上制约了谚语研究。总之，藏族民间谚语是为了体现、反映劳动群众心声的需要而产生的，因此，它所反映出来的是千百年来藏族劳动群众的智慧。

作为藏民族语言重要组成部分的藏族民间谚语，蕴涵着千百年来藏族社会生活的诸多内容，反映出了藏民族对外部世界以及自身的体验和认识。随着社会的发展，谚语的内容亦不断丰富，反映不同时期不同的社会现象，不一样的社会关系。实践的发展，在提高人们认识水平的同时，也为人们进一步认识周围世界提供了可能。人们不断地观察实际生活中的各种现象，总结经验，以调节社会关系、教育后代，这也是谚语内容包罗万象的重要原因。

就藏族民间谚语的历史传承看，群众中口头流传无疑是其主要的历史承载形式，其内容不同程度地反映了当时的社会状况，应该说是比较客观的。如我国历史上有“只许官家放火，不许百姓点灯”的谚语，真实地反映了封建社会这种官家霸权的社会现象。类似的谚语在藏族民间谚语中同样存在，如恰白在《藏族民间谚语典故选释》一书中收录的“只许喇嘛杀羊，不许百姓灌肠”一条，就反映了旧西藏政教合一的制度下僧侣集团霸道的社会现象。如此看来，民间谚语所反映出来的内容基本上是比较客观的，是可以当作研究古代社会现象以及人们思想的重要资料的。

二、经验主义思想在《藏族民间谚语典故选释》中的体现

（一）《藏族民间谚语典故选释》及其内容

谚语是在人民群众中广泛流传的固定语句，是人民群众在长期生活实践中总结出来的经验和教训的结晶。谚语虽然简单通俗，但反映的道理却非常深奥。

基于这样的认识，恰白抢救、整理了《藏族民间谚语典故选释》一书，对于研究不同时期人们的观念，特别是劳动人民的思想以及各个历史时期的社会现象等方面具有重要的意义。藏族谚语文化是藏族文化的重要组成部分，它广泛地流传在民间，是研究生活在高原的人的社会实践及对智慧的应用，尤其是研究思想史的重要资料。雄奇苍茫的青藏高原是藏族谚语文化萌芽的土壤，丰富多彩的藏族人文地理环境是藏族谚语文化发展的动力。《藏族民间谚语典故选释》较全面地展现了藏族谚语文化的全貌，是解读藏族谚语文化的一把钥匙。

该书共 11 个部分，全面介绍了藏族谚语文化的五大特征、部分谚语的历史渊源以及与其他格言诗、传统训言体裁的作品等之间的关系。这些谚语总体上反映了藏族传统社会文化中的伦理观、辩证观、从政观、治学观、智愚观、幸福观、审美

观、宗教观等方面的内容，并具有特殊的艺术魅力。恰白在考证各种谚语的历史源流的同时，从不同侧面和角度对其所反映的内容进行分析和研究，评价客观，在逐一解读的同时，引导人们去了解谚语文化的深邃内涵、意境和源流。他指出藏族谚语具有启迪智慧、训导后人的作用，其内容涉及政治、经济、文化等各领域。《藏族民间谚语典故选释》一书对藏族谚语进行分析，考证其源流、所包含的共同特点和深层内涵，把藏族谚语文化的研究，置于藏族社会历史中进行观察，结合藏族民俗、社会实践、传统伦理道德等特点，详细阐述了藏族谚语文化的语言艺术，从而提升了藏族谚语文化的研究水平，挖掘了藏族祖辈对社会的认识、人与人之间如何相处、人对自然界的看法等的总和思想。

谚语作为普通民众表达群体意识最主要的方式之一，是洞察劳动者实践智慧的重要窗口。对《藏族民间谚语典故选释》的研究和挖掘，在研究藏族祖辈的智慧、理解他们的实践哲学的思想方面具有重要的现实意义。该书总共搜集了各地藏区广泛流传的1680多条谚语，并考释了其中与民间传说、重要历史事件有关的31条谚语的渊源。这些条目从不同侧面折射出佛教对藏族社会的深刻影响，以及普通民众对藏传佛教的真实感受。

该书第二部分，探讨了“谚语”的词源问题，介绍了藏族谚语的特点、谚语研究过程中，应注意的问题及其艺术特征等，进一步拓宽了藏族谚语文化研究的广度和深度，为解读藏族谚语文化提供了新的研究成果。

（二）谚语中表现出来的藏族劳动人民的智慧

谚语是一种较为特殊的语言现象。从内容上看，谚语主要承载社会下层的心声。谚语分民间口头流传的谚语和书面谚语，书面谚语是口语加工后的产物。可以说，谚语大体上能够体现传统藏民族的文化心理和广大劳动人民的智慧。

谚语作者们不仅具有丰富的社会实践经验和渊博的文化知识，而且对佛经故事、历史典故、神话传说、山川地貌、民俗风情等了如指掌，甚至对动物的活动特点、植物的生长特征、日月星辰的运动规律、金木水火土的属性结构以及人与人之间的复杂关系，都观察入微，塑造了许多栩栩如生、感人至深的艺术形象。

藏族谚语文化在审美观方面，主要以对比方式揭示美与丑。谚语中主要以短小精悍和简练的语言歌颂、赞扬真善美，辛辣地嘲讽和驳斥假恶丑，充分体现了藏族人民的审美情趣、审美理想和审美标准。宗教观方面，主要体现了敬奉三宝、人生唯苦、皈佛解脱、因果报应、行善、施舍以及忍辱无争的思想观念，这主要说明了传统西藏社会与宗教之间的特殊关系。伦理观方面，主要体现了反对暴行、推行仁政、尊重知识、恪守伦理、弘扬佛法、和睦相处、敬老、知恩图报、知足寡欲等基本思想。可见，在长期的历史发展过程中，藏传佛教伦理观念逐渐融入藏族社会的各个层面。

谚语作者告诫人们尊崇那些品行端正、心地善良、明辨是非、奉行佛法的贤明君主，推崇知识渊博的学者，赞颂品德高尚的智者。他们认为尊重那些道德高尚、知识渊博的学者，就是热爱知识的表现。把学习知识、提高素质，作为社会伦理的一个重要方面加以提倡，提出尊敬智者、远离邪恶、运用智慧、同心同德、和谐相处、团结友爱是智慧源泉的伦理思想、观念。藏族谚语文化中也体现了朴素的辩证观，部分谚语的深层意义上体现了智者为强、愚者为弱，明法则强、悖法则弱，合则强盛、分则衰败的辩证思想。

在艺术特征方面，谚语主要运用了比喻、对比及夸张的手法，结构独特、构思巧妙，语言形式多样、活泼。谚语中处处洋溢着生活的激情，飞溅着劳动人民智慧的火花。藏族谚语，无论从它的艺术特征、思想内容，还是从结构特点、语言特色等方面看，都是古人留下的文化精品，反映了藏族劳动人民卓越的智慧，是藏族文学、语言学等学科的重要组成部分。因此，藏族谚语、格言诗以及各种形式的训言等都是藏族人民智慧的结晶，其内容基本涵盖了政治、经济、文化、伦理道德等各个方面，反映了广大劳动人民的愿望和主张。有的具有佛理的深奥意趣，有的又贴近常人的普通生活，具有一定的实践性和群众性。

总之，《藏族民间谚语典故选释》不仅在存史、解惑等学术层面，而且在资政、教化的更高层面，为后辈明确了指导思想、基本方向，在维护祖国统一，加强民族团结，促进西藏社会长治久安等方面具有深远的意义。

第四节　藏传佛教与藏族道德观

藏传佛教是佛教传入西藏后与以苯教为代表的西藏原始土著文化相互融合形成的，也是佛教本土化发展的结果。自佛教传入西藏后，特别是政教合一的政治体制形成后，藏传佛教逐渐深入到西藏社会的各个领域，世俗文化被深深地打上了宗教的烙印，以至于现今许多人误以为西藏文化除了宗教还是宗教，自始至终未曾有过脱离宗教影响的纯粹的世俗文化。但是，《敦煌文献兄弟教诲录及今释》的问世，揭示了在佛教未传入西藏以前，西藏的世俗文化特别是伦理道德方面，基本上没有受到宗教的影响。这对研究佛教传入以前的吐蕃社会的本来面目具有重要学术意义，为人们探究西藏文化的历史渊源指明了方向。

一、佛教传入吐蕃

自佛教传入西藏本土后，主要活动于王室家族，其次是民间。对于王室而言，最早于松赞干布的先辈拉脱脱日年赞时期。对民间传播，据说于公元前300年左右，也就是印度君王阿育王征战东南亚时期。据此，我们可以判断佛教传入民间的历史早于传入王室的历史。但当时仅仅是传播而已，对吐蕃社会未产生多大的影响。不论从传入民间的佛教实力考虑，还是从传入王室的佛教实力考虑，我们只能证明这一点。

松赞干布是吐蕃王朝的缔造者。当时，吐蕃与周边地区的关系有了进一步的发展，佛教也随之陆续地传入了吐蕃，并在此后的几代赞普时期，受到了王室家族的青睐，逐渐在吐蕃社会得以立足。特别是赤松德赞以来，佛教逐渐成为吐蕃上层人士的主要精神支柱，在统治阶级的思想领域占据了重要地位。

有学者认为，在西藏历史上，佛教一开始就作为一种统治工具出现。佛教虽得到了统治阶级的扶持，但一度卷入了王室内部争权夺利的斗争，直至9世纪中叶，末代赞普达玛终结了王室对扶持佛教的惯例后，削弱了吐蕃上层人士以权力来促进佛教发展的途径，故传教士们不得不放弃王室中富贵的传播生活，从而转向民间发展。因此，当时佛教的发展受阻，不仅削弱了佛教对王室家族的影响，而且在一定程度上解放了生产力，对吐蕃社会的经济建设理应具有一定的积极作用。但事实并非如此，具有改革思路的赞普达玛死于佛教徒之手，吐蕃王朝四分五裂。如此纷繁复杂的历史，只能发生在青藏高原的特殊环境里。

吐蕃王朝解体后，佛教在吐蕃再度传播并在民间得势。根据残存的一些零星资料看，吐蕃赞普后代及贵族的势力很弱，起义者也未能形成统一的强大的地方性势力，因此，各地头人之间和部落首领之间斗争频繁，出现了百余年的混乱局面。在这种情况下，要求建立新的封建秩序，实现社会稳定，发展生产，就为佛教在西藏再度流传提供了时代的机遇。

各地方势力头人，为了稳定局势，安抚所辖属民，纷纷支持一些宗教首领四处传法，以求安定民心。按王森《西藏佛教发展史略》的说法，当时社会上出现了一部分力求传法的僧人、译师，他们纷纷到周边地区学习佛法，并翻译了许多佛教经典著作；从外地学习回来的僧人，以游历西藏各地讲经说法为业。由于他们在周边地区所学习、传承内容的不同，以及他们各自的心得和见解不同，社会上出现了各种不同的流派，这就构成了后来西藏出现不同教派的主观条件。得到各地方势力的支持、资助，佛教开始在社会上立足，具有一定的群众基础，并逐渐巩固、发展，成为日后出现诸多教派的客观条件。

在佛教实力逐渐发展壮大的历史进程中，佛教的教义、教规开始对西藏世俗文化的各个方面产生影响，特别是对传统西藏社会的道德标准和人们日常行为准则造成了巨大而深刻的影响。在政教合一的社会里，佛教占据着至高无上的地位，僧侣阶层及其宗教文化被视为正统文化，大肆宣扬。如“喇嘛无论说什么，全是法；手指不管指向何方，都是东”。诸如此类的民间谚语，就充分体现了僧侣阶层在藏族社会中所享有的权威性，反映了佛教在社会上的统治地位和巨大影响。同时，也暗含着普通民众对这种绝对权威的怀疑和不满情绪。

鉴于上述原因，在后来的西藏社会上，宣扬佛法、记述高僧大德类的宗教史学著作泛滥，几乎所有的史料都无一例外地打上了神话的烙印。然而，推动社会生产发展的劳动阶层的大众文化，即世俗文化和道德方面的史料可谓凤毛麟角，造成了研究西藏古代社会历史、文化的艰难现状。

二、恰白对西藏传统文化的认识

自 13 世纪开始，西藏社会的政治体制就呈现出政教合一的雏形。17 世纪中叶，建立了甘丹颇章政权，在雪域高原的历史上最终确立了政教合一的政治体制，之后的数百年时间里，逐渐形成了西藏社会生活与宗教的密切联系。西藏社会的僧人队伍也一直保持着相当惊人的规模，佛教寺庙遍及全藏区。由于藏民族长期浸润在藏传佛教的思想体系中，世俗社会的历史、文化都与藏传佛教结下了不解之缘，处处体现了藏传佛教对整个藏民族的影响。

有人认为，藏族传统文化分可分为苯教文化和藏传佛教文化两部分，似乎藏族传统文化永远离不开宗教。事实上，苯教也好，藏传佛教也好，都只是藏族传统文化的一部分，而不是全部。文化是人类的创造物，在这个意义上，文化是劳动实践的产物，是人类智慧的结晶，宗教只是其中的一小部分。因此，把西藏传统文化等同于宗教文化或把一切传统的文化看作是宗教的、封建的而予以全盘否定的做法是不客观的。对此，恰白在《敦煌文献兄弟教诲录及今释》一书中探究了吐蕃时期的道德观念，具有重要的启迪意义。

三、通过《敦煌文献兄弟教诲录》写卷，发现吐蕃时期道德观

美国人类学家罗伯特·雷德菲尔德在研究古代社会文化时，开创性地使用了大传统和小传统的分析框架，以说明复杂社会中存在的两种不同层次的文化传统。其中，上层社会的主流文化称为大传统；下层民众中形成的风俗习惯、伦理道德等属于小传统。这个观点的提出曾在人类学界引起了不少争论，反过来也使这一理论得到了进一步发展，曾长期应用于人类古代社会的研究中。在人类历史的发展过程中，大小传统是不断相互转换的，大传统在一定历史时期会向基层民众中展开而最终成为小传统，同样，小传统也会在特定的历史时期内上升为大传统。

从目前的资料来看，尽管吐蕃时期佛教对社会的影响不那么明显，但当时的佛教往往被视作是大传统，由王室家族所供养、推崇。《敦煌文献兄弟教诲录及今释》所揭示的是吐蕃时期的小传统文化，这很可能是之前的大传统逐渐向民间转化的一种结果。随着社会的发展，文化不断提升、濡化、整合，使原来处于大传统地位的以世俗的伦理标准为代表的大传统不断被忽视而转入民间成为小传统，其地位亦逐渐被新兴的佛教文化所代替。有人认为，佛教传入之前的苯教是西藏原始宗教的

全部内容，而从《敦煌文献兄弟教诲录及今释》的内容来看，西藏的传统文化不一定都与宗教有关，在过去西藏社会上可能存在着与宗教没有多大关系的纯世俗文化。

藏族人的祖先在青藏高原上创造了丰富多彩的文化，为中华民族的文化宝库增添了光彩。高原人除了在建筑、生产生活方式、饮食习惯、精神生活和信仰等方面有着独特之处外，也和其他民族一样崇尚礼仪。如西藏社会崇尚知识、诚信、公正，有自己的信条。语言中有一套敬语词汇；行为上敬重品行高尚的人，尊老爱幼；在日常生活中，举止颇有讲究。长期以来，在佛教文化的影响下，藏族社会的各个层面、藏族人的意识形态都与藏传佛教有着千丝万缕的关系。正因为如此，不少人把藏传佛教看成是藏族文化的全部内容。事实上，佛教本身也是外来文化，藏传佛教是佛教与西藏本土文化相互融合的结果，而且，这种本土文化也不一定全与苯教有关，西藏传统文化还包括民间的、潜意识的、农业的、牧业的等生存文化。

道德的形成和产生的年代比宗教早得多，以规范性和约束性为特点的伦理道德是人类早期产生的社会意识之一。道德作为行为规范和标准形成后，影响着人们生活的方方面面，调整着人与人之间的关系，解决各种社会矛盾，从而达到人与自然和谐相处。从这个意义上讲，道德的产生与宗教并没有必然的联系，它先于宗教而存在。关于这一点，我们可以从《敦煌文献兄弟教诲录及今释》一书中得到进一步证实。

（一）《敦煌文献兄弟教诲录及今释》的基本内容

《兄弟教诲录》又称《吐蕃礼仪问答写卷》，是敦煌古藏文文书中的 P. T. 1283（与 P. T. 2111 号卷内容相同）号卷，全卷共 33 页，约有 532 行字。该文书以兄弟问答的形式表述了佛教未传入之前藏人的伦理思想和道德观念。这篇文章，前有序言，后有小结，共分79问，属于8、9世纪的文献，内容主要反映了当时处理人与人之间关系、待人接物方面的伦理道德标准。文章表现形式独特，具有训言、格言类的特点。因未受宗教影响，依此可以了解吐蕃时期人们的伦理思想和道德观念，为我们提供了一份十分珍贵的了解吐蕃社会文化的资料。其内容大体上包括以下几个方面：

关于为人处世的伦理标准。如第十六问“做人之道为公正、孝敬、温顺、怜悯、不怒、报恩、知耻、谨慎而勤奋。拥有这些，虽不聪明机智，一切皆能如意，亲属亦会安泰”。第五问“若为长官，应如虚空普照天下，应如秤一样公平”。又如“不孝敬父母、上师，即如徒有人名而已”。“儿辈能使父母、师长不憾抱恨，即为最上之孝敬”。“父子俩应真诚相互谦让”。“暴戾、轻浮、无耻、忘恩、没有同情心、易怒、骄傲、懒惰，具有这些毛病，一切人都不会中意”。这些问答基本上都属于有关做人处事的伦理思想和道德标准。

关于诚信、利己和利他的思想。藏人向来重视诚信，反对损人利己之事。这一点在写卷中也有所反映，可能自古有之。如三十四问“从不说谎言，大家即信服，人若信服，众人即信服”。可见早在一千多年前，吐蕃人就已经认识到人际交往中诚信的重要性。文中对利他作如此说：“对人有益，对己永远有益；危害他人，对己长远有碍。”这些问答内容，反映了有关诚信、利益方面的思想。

关于家人之间的关系以及社会安宁方面的思想。该文以大量的篇幅阐述了家庭和睦、社会安定方面的内容。如“同心协力，不仅家眷和睦，行至何方亦相安无事。子与父同心，弟与兄同心，奴与主同心，妻与夫同心，仆与官同心，如此则公正无误，齐心协力大家皆得安宁；如果彼此不和，则大患而已，别无其他”。关于如何同心协力的问题，“为上师，行事亦需适可而止，恰如其分，居高位而不欺凌。役使下人，行为正直，下人亦能不断努力，使永久平安。居上之人应关注下人。对任何事均应虔敬而有礼节，即可和睦相处。家庭之中，勿过于专横，勿过于滋扰下属。做事须利落有秩，按时完成。应有长幼之序，官仆之分，主奴之别。无违当地礼俗，严谨行之”。指明了如何处理家庭内部关系以及家庭与社会的关系，道理简单、通俗，无宗教影响，属于比较纯正的世俗内容。

关于学习求知方面的思想。如“总而言之，没有不指导而懂得、不教而学会知识的人，所有的有学识的人，宣讲后更勤奋，更遵循礼节。优点即使在敌人身上亦应学习，错误即使在自己身上也应抛弃”。强调了学习的重要性，说明了学才能通的道理。这些思想具有一定的辩证性，折射出了吐蕃先人的聪明智慧。

关于知足常乐及寡欲的思想。如“肚不饥，背不寒，即可足矣！有了这些，已是富裕安逸；超过这些，不会安宁富裕”。“欲望至多，即会贪婪无边。贪得无厌，歪门邪道即由此产生”。这些相当纯朴的思想，真实地反映了当时人们的生产生活状况以及恶劣的自然环境条件，说明了吐蕃人是以知足、少取的方式适应环境，以便与自然和谐相处。

除此之外，有些内容还折射出了吐蕃人高超的智慧以及对客观世界的正确认识。当时人们已经认识到：贪欲是罪恶的根源，知识是文明的源泉的道理，同时，也清楚知识需要不断学习、积累的道理，强调学习知识的重要性，尊重有识之士。

（二）《敦煌文献兄弟教诲录及今释》的贡献

恰白在前人研究的基础上，对《敦煌文献兄弟教诲录》写卷进行了解读、注释，揭示了佛教未传入之前吐蕃社会的伦理思想、道德观念，展现了吐蕃社会文明变迁的历程，这与此后的佛教占据统治地位的社会观念形成了鲜明的对比，从而揭露了将西藏文化等同于宗教文化的这种错误的观点。

《敦煌文献兄弟教诲录及今释》一书，分前言、正文以及附录三个部分。前言中，恰白强调了金石铭刻、碑文以及敦煌文献等吐蕃时期历史文献的史料价值，指出这些资料对于研究吐蕃历史文化方面的重要意义。他认为西藏的传统史料在历史发展过程中受宗教的影响比较大，而这些吐蕃时期的文献，未经后人改动，几乎没有宗教的影响，是研究吐蕃社会文化的重要资料，其史料价值无可替代。另外，恰白指出古藏文研究过程中经常会遇到一些问题及困难，在肯定前辈学者为这方面作出的贡献的同时，解释了他当初选择《敦煌文献兄弟教诲录》并对其内容进行解读、阐释的初衷：一是因为该卷是一部有关世俗礼仪道德方面的重要资料，其内容涉及当时的社会制度、思想意识、道德教育、人际关系等各方面，内容丰富，语言结构独特，词汇量多且全面，对于研究古代社会历史文化具有重要意义；二是其内容未受外来文化或深奥的佛教教义的影响，真实地反映了古代藏族自己的习俗，且部分内容在现代社会中也具有积极的借鉴意义；三是在众多的敦煌文献资料中，此卷是比较完整的一卷；四是此写卷是他所见过的有关礼仪答卷或伦理道德方面最早的一部文献，写作特点上以兄弟对话的形式为主，内容趣味性强，艺术特点方面也具有一定的独创性。

正文中，恰白凭借深厚的古藏文功底和自己多年的实践经验，全面注解了该写卷的79问内容，为读者提供了极大的便利。附录中，他从八个方面详细介绍了古藏文解读、理解上所遇到的问题，以及要注意的事项。这些都反映了恰白深厚的学术、古藏文功底，是他长期研究西藏古代社会历史、研究古藏文的实践经验的结晶。

佛教传入雪域高原后，与原有本土文化相互融合形成了藏传佛教，并一度成为主流意识形态，对西藏世俗文化影响较大，以至于现今许多人误以为西藏传统文化除了宗教还是宗教，自始至终未曾有过脱离宗教影响的纯粹的世俗文化。但是，《敦煌文献兄弟教诲录及今释》的问世，揭示了佛教传入以前，西藏的文化特别是在伦理道德方面几乎没有受到宗教影响。这与吐蕃后期西藏社会文化形成了鲜明的对比，对研究佛教传入以前的吐蕃社会的价值观念及道德标准方面具有重要的历史及学术意义，为人们探究西藏传统文化的历史渊源提供了文献依据。

后　记

《超越神话的探究者——恰白·次旦平措学术思想评述》，是“恰白·次旦平措学术思想研究”课题组相继推出九本“恰白作品与学术思想研究”丛书之后，再次群策群力、集体打造的又一著作。“恰白·次旦平措学术思想研究”课题于2007年3月获得立项，作为西藏社科院“十一五”重点规划课题和推行“开放办院、合作办院”方针以来首项跨所、跨院、跨学科、跨区域的重大合作课题，得到了自治区党委、政府、宣传部、统战部各级领导部门的高度重视，同时也获得了他们的大力支持和高度评价。西藏自治区政协副主席、社科院院长白玛朗杰，西藏社科院党委书记、副院长孙勇等领导同志，更是精心组织，认真安排，悉心指导，聚集起院内外、区内外的各方面藏学研究专家学者，群策群力、相互交流、客观研究，从而推出了一本又一本恰白学术思想研究论著，在学术界引起了良好的反响。

《超越神话的探究者——恰白·次旦平措学术思想评述》承蒙各位藏学研究名家指点，主要由西藏社会科学院和西藏大学的一些青年研究人员撰写，重点论述了恰白·次旦平措先生的学术人生、诗文思想、历史认识和史学理论。课题组的郑丽梅、德伦·次仁央宗、亚东·达瓦次仁、普布多吉、项智多吉、阿贵、片擦·达瓦、徐志民等同志，根据自己的专业和特长，分别担任了本书的撰写工作。虽然本书如期付梓，但课题组各成员并未如释重负，原因在于，作为年轻的科研人员知识储备不够，经验不足，却在研究早已成名的学术大家——恰白·次旦平措的学术思想，无异于蚂蚁啃骨头，能做到挂一漏万已属万幸，故诚恳地期待大家的批评指正；另外还计划分别出版汉、藏文版的《恰白·次旦平措年谱》以及英文版《著名史学家——恰白·次旦平措访谈录》、《西藏简明通史（精编版）》、《根敦群培与恰白·次旦平措画谱》系列书。所以，“恰白·次旦平措学术思想研究”课题组的各成员不仅不敢放松，而且要更加努力地研究恰白·次旦平措的学术生涯、学术成就、学术风范和学术思想，同时课题组也期待着社会各界广泛地参与、交流和支持。

“恰白·次旦平措学术思想研究”课题组

2010年元月

图书在版编目（CIP）数据

超越神话的探究者：恰白·次旦平措学术思想评述/恰白学术思想研究课题组编．—北京：中国藏学出版社，2010．11
（恰白作品与学术思想研究丛书：10）
ISBN 978-7-80253-286-1

Ⅰ．①超…　Ⅱ．①恰…　Ⅲ．①恰白·次旦平措—学术思想—研究　Ⅳ．①K825．81

中国版本图书馆CIP数据核字（2010）第216207号

超越神话的探究者
——恰白·次旦平措学术思想评述

恰白学术思想研究课题组编

出版发行	中国藏学出版社 西藏藏文古籍出版社
印　　刷	北京牛山世兴印刷厂
开　　本	850×1168　1/32
印　　张	6．5
字　　数	200千字
印　　次	2011年1月第一版第一次印刷
书　　号	ISBN 978-7-80253-286-1/K·260

定　价：13．00元